ESSENCIAL'MENTE
NEUROMEDITAÇÃO®

Manual com 48 técnicas apresentadas pela criadora
do método Psiconeurocientífico

AILLA PACHECO

ESSENCIAL'MENTE
NEUROMEDITAÇÃO®

Manual com 48 técnicas apresentadas pela criadora
do método Psiconeurocientífico

ESSENCIAL'MENTE NEUROMEDITAÇÃO
© 2020 Editora Nova Senda

Revisão: Luciana Papale e Renan Papale
Diagramação: Décio Lopes
Ilustrações: Altemar Domingos da Silva | Erick Araujo de Souza | Depositphotos
Ilustração Aillinha: Casa dos Quadrinhos *(Geraldo Araújo, Cristiano Seixas e Igor Clementino)*

DADOS INTERNACIONAIS DE CATALOGAÇÃO NA PUBLICAÇÃO (CIP)
Angélica Ilacqua CRB-8/7057

Pacheco, Ailla

Essencial'mente Neuromeditação: Manual com 48 técnicas apresentadas pela criadora do método Psiconeurocientífico/Ailla Pacheco. – São Paulo: Editora Nova Senda, 2020.
240 páginas: il.

ISBN 978-65-87720-02-9

1. Meditação 2. Terapia Integrativa I. Título

20-2605   CDD 158.12

Índices para catálogo sistemático:
1. Meditação 158.12

Proibida a reprodução total ou parcial desta obra, de qualquer forma ou por qualquer meio, seja eletrônico ou mecânico, inclusive por meio de processos xerográficos, incluindo ainda o uso da internet sem a permissão expressa da Editora Nova Senda, na pessoa de seu editor (Lei nº 9.610, de 19/02/1998).

Direitos de publicação no Brasil reservados para Editora Nova Senda.

EDITORA NOVA SENDA
Rua Jaboticabal, 698 – Vila Bertioga – São Paulo/SP
CEP 03188-001 | Tel. 11 2609-5787
contato@novasenda.com.br | www.novasenda.com.br

Atenção!

É expressamente proibido copiar, compilar, modificar, compartilhar e/ou reproduzir quaisquer materiais contemplados na presente obra; bem como utilizá-los comercialmente ou de qualquer outra forma, devendo se abster de promover exibições públicas, cursos, apresentação ou de realizar cópias não autorizadas do material, independentemente de sua finalidade, mesmo que citada a fonte.

O conteúdo das informações contidas nesta obra, bem como sua marca, curso, nome empresarial, nome de domínio, logomarca, vídeos, bancos de dados e arquivos são propriedade de Ailla Pacheco e estão protegidos pelas leis e tratados internacionais de direito autoral, marcas, patentes, modelos e desenhos industriais, sendo absolutamente vedada a cópia, distribuição, uso ou publicação, total ou parcial, de qualquer material e de todo o conteúdo nele ofertado sem prévia e expressa autorização do autor.

O presente livro não autoriza o ensino de cursos de formação em Neuromeditação®, estando ciente o leitor de que existe curso específico para tal exercício profissional.

A prática de Neuromeditação® não dispensa ou substitui cuidados médicos, psicológicos, psiquiátricos ou com a saúde em geral, tanto física e mental como emocional.

Caso o leitor possua restrições físicas ou psicológicas, torna-se essencial que ele consulte um profissional habilitado que lhe forneça liberação/autorização para executar todas as práticas e exercícios sugeridos neste livro, comprometendo-se a respeitar o ritmo de seu corpo em todas as técnicas, especialmente nos movimentos corporais, assumindo total responsabilidade sobre qualquer lesão decorrente da má utilização do material.

Ainda que eu falasse as línguas dos homens e dos anjos, e não tivesse amor, seria como o metal que soa ou como o sino que tine.

E ainda que tivesse o dom da profecia, e conhecesse todos os mistérios e toda a ciência, e ainda que tivesse toda a fé, de maneira tal que transportasse os montes, e não tivesse amor, eu nada seria. [...]

(Coríntios, 13:1 e 13:2)

Dedicatória

Dedico esta obra para a melhor professora de Neuromeditação® que já tive: a minha gatinha, Clara, grande companheira na construção deste trabalho. Clara ficou literalmente ao meu lado em cada página que escrevi, praticamente sussurrando (ou seria ronronando?) cada conteúdo. Há alguns anos Clara me adotou, desde então ela me ensina, todos os dias, a meditar com cada gesto, ato e postura amorosa diante da vida.

Dizem que gato é coisa de bruxa, mas afinal, o que é a magia mesmo? Errar é humano, mas amar? Ahhh! Amar é animal!

Agradecimento

Agradeço profundamente aos meus alunos, foi para eles que construí amorosamente este trabalho, dissertado inicialmente para o curso de Neuromeditação®, e hoje, publicado com todo amor em cumprimento à minha missão.

Quando eu era criança, uma senhora me disse: "Menina índigo, você não faz ideia de onde suas palavras vão chegar". Confesso que ainda não faço e, às vezes, ainda parece um sonho ver o propósito da minha alma atravessando o mundo e tocando milhares de corações...

Anaïs Nin dizia que "o papel do escritor não é dizer aquilo que todos somos capazes de dizer, mas, sim, aquilo que não somos capazes de dizer." É... quando me sento para escrever um livro, o processo começa de forma feliz, porém, absolutamente solitária: somos apenas o Uni'verso e eu, tentando de alguma maneira conversar com o seu coração. No meu caso, coloco também a intenção de atuar como ferramenta para que o leitor possa enxergar dentro do seu coração o que busca incessantemente fora dele.

Cada página é um convite para o autoconhecimento, um desafio que, às vezes, revira-nos de ponta cabeça e exige prioridades, isolamento e muito mergulho interior. É todo um processo, da gestação até o nascimento. E assim também é a vida!

Não importa se a pessoa está gestando uma ideia, um projeto ou uma semente, isso é sempre uma dádiva e ela deve ser grata pela oportunidade de estar viva e poder dar luz a suas ideias e, acima de tudo, compreender, que se deseja bons frutos, deve regá-los com amor e dedicação.

Mas afinal, existe algo mais sagrado e poderoso do que esse potencial que temos de gerar, criar e dar vida? Existe algo mais significativo do que eternizar algo no mundo por meio de nossas palavras e de nossa energia?

Que o Cosmos seja o limite para as palavras de amor!

E a você, que agora está lendo minhas palavras, gratidão por me acompanhar, direta ou indiretamente, ajudando a germinar as minhas sementes! Seja bem-vindo ao meu Uni'verso! Eu o acolho com todo amor! E lhe agradeço, profundamente, por esta incrível oportunidade!

Gratidão por estar aqui! Obrigada por cruzar seu caminho com o meu!

Obrigada por permitir que minhas palavras abracem seu coração! Sinto-me abundantemente feliz por sua existência e confiança e sei que nossos caminhos não se cruzaram por acaso!

Graças a você, esta obra existe. Foi para você que eu a escrevi!

E é para vocês, meus alunos e leitores, que eu dedico a minha missão! Sintam-se abraçados por mim! Vocês nunca estarão sozinhos! Somos um!

Que sigamos juntos, manifestando a nossa essência, ESSENCIAL'MENTE!

Com todo amor e gratidão,

Ailla Pacheco.

Sumário

Introdução 15

Pilares da Neuromeditação® 23

   Filosofia da Neuromeditação® 24

     Amor 25

     Empatia 26

     Integralidade 27

     Prevenção 28

     Compromisso com a verdade 28

     Autoconhecimento para a autocura 29

     Viver no presente 30

     Gratidão 31

     Honestidade 32

   Principais benefícios identificados
a partir da prática da Neuromeditação® 33

   Meditação e Neuromeditação®: espiritualidade e ciência 34

     Dhāranā e *Dhyānam*: a meditação segundo
a perspectiva do Yoga 40

     Crenças limitantes que envolvem o processo meditativo:
Por que é "tão difícil" meditar? 48

     Essencial´mente importante na prática da Neuromeditação® 51

Pesquisas científicas sobre meditação 54

   Práticas holísticas e integrativas de saúde 61

   Neurociência, Psicologia e Espiritualidade 66

12 | Essencial'mente Neuromeditação®

Neurociência 77

   O sistema nervoso 79

   Neurônios e neurotransmissores 80

   Neurociência, neuropsicologia e aprendizagem 81

   O estresse 83

   A importância da coluna vertebral
   para nossa saúde física e energética 86

   Divisão da coluna vertebral 91

      Segmento Cervical *92*

      Segmento Dorsal ou Torácico *94*

      Segmento Lombar *97*

      Segmento Sacro *98*

      Segmento Coccígeo *98*

   Discos Intervertebrais 99

Prānāyāmas: regulação da energia vital pela respiração 101

   O que é um *prānāyāma*? 104

   A respiração completa na prática 107

   A importância da respiração nasal 108

   As quatro fases da respiração 108

   A importância da respiração diafragmática 109

Campo Áurico e Medicina Energética 112

A Mecânica Quântica 117

Chakras e Fisiologia Energética 121

   Os Sete Chakras Principais 126

Seja a sua essência: *essencial'mente!* *140*

   Mãos à obra! Vamos neuromeditar? 145

Manual de Neuromeditação® 148

   Neuromeditação® energizante 148

   Neuromeditação® do riso 151

   Neuromeditação® com os elementos da natureza 153

Neuromeditação de fixação do olhar 154

Neuromeditação em movimento 155

Neuromeditação e a alimentação 156

Neuromeditação com respiração abdominal 157

Neuromeditação com respiração alternada 158

Neuromeditação cromoterápica 160

Neuromeditação com respiração dinâmica 163

Neuromeditação do mantra de comando quântico 165

Neuromeditação® com mantras milenares 167

Neuromeditação com japamala 169

Neuromeditação da introspecção e expansão da consciência 171

Neuromeditação com relaxamento e escaneamento corporal 172

Neuromeditação de reprogramação 176

Neuromeditação de autorreflexão 178

Neuromeditação da gratidão diária 179

Neuromeditação do Ho'oponopono 180

Neuromeditação reflexiva 182

Neuromeditação com *tamas prānāyāma* 184

Neuromeditação com *bhāstrika* 185

Neuromeditação solar 186

Neuromeditação da regeneração planetária 187

Neuromeditação da arte interior 188

Neuromeditação com a aromaterapia 192

Neuromeditação do amor e da compaixão 195

Neuromeditação da dança 196

Neuromeditação ativando a percepção e a memória 196

Neuromeditação do Sagrado Feminino 197

Neuromeditação com auto-hipnose 200

Neuromeditação com a força do elemento Água 202

Neuromeditação com cristais 203

Neuromeditação® com o mantra *Om* *207*

Neuromeditação® dos chakras 208

Neuromeditação® com formas geométricas sagradas 210

Neuromeditação® com o respiratório
(*Nitambāsana prānāyāma*) *211*

Neuromeditação® com o respiratório
(*Bandha kūmbhaka prānāyāma*) *212*

Neuromeditação® fortalecendo o Chakra Coronário 214

Neuromeditação® da purificação eletromagnética 215

Neuromeditação® dos relacionamentos 216

Neuromeditação® acolhimento da criança interior 217

Neuromeditação® com *Gokai* do Reiki 219

Neuromeditação com automassagem 221

Neuromeditação® Pacha Mama 223

Neuromeditação® com o respiratório
(*Ujjayi prānāyāma*) *224*

Neuromeditação® em movimento:
(*Surya Namaskar - Saudação ao Sol*) 225

Neuromeditação® Lunar 229

Referências 233

Introdução

A Neuromeditação® é um método filosófico que oferece diversas ferramentas terapêuticas que, de forma integrativa e com uma abordagem psiconeurocientífica, atuam como promotoras do autoconhecimento, do autodesenvolvimento e da qualidade de vida. O método é fruto de 15 anos de estudo, vivências e experiências e pretende apresentar um conceito de meditação totalmente inovador e 100% adaptado às necessidades do mundo de hoje. Pautado em um novo paradigma de saúde, a Neuromeditação® preconiza uma metodologia teórica e prática de abordagem segura e holística, amparada por sólidas bases científicas e por pesquisas desenvolvidas em diferentes áreas do conhecimento. O método oferece técnicas associadas a exercícios respiratórios, neurociência, mecânica quântica, medicina energética, psiquismo, hipnose, cromoterapia, Yoga, Reiki, mantras, relaxamento, terapia do riso, reprogramação mental, Ho'oponopono, desenvolvimento da empatia e da compaixão, mandalas terapêuticas, cristais, aromaterapia, harmonização dos chakras, fisiologia energética, meditações estáticas, práticas em movimento, com alimentos e com a dança, dentre outras intervenções terapêuticas que objetivam proporcionar ao leitor o desenvolvimento de seu processo de autocura, bem-estar e o contato com a sua essência, ESSENCIAL'MENTE.

Como criadora do método, apresento ao leitor um manual com 48 técnicas de Neuromeditação® que podem ser praticadas por iniciantes e até mesmo utilizadas por psicoterapeutas, médicos, fisioterapeutas, educadores e professores de Yoga. Vou explorar também o contexto histórico, filosófico, científico e cultural da meditação, abordando a relação dessa filosofia de vida com a neurociência e com diversas outras terapias integrativas; investigando a eficácia da meditação enquanto prática terapêutica na prevenção e promoção da saúde, apontando também as resistências do modelo biomédico vigente em nossa sociedade às terapias complementares e holísticas.

Com esse manual completo pretendo ensinar, de forma facilitada, as mais valiosas ferramentas que aprendi para ajudá-lo a transformar verdadeiramente a sua vida, assim como fiz com a minha. Meu objetivo com este livro é apresentar um método acessível, prático profundo e filosófico, para que todos possam se conectar consigo mesmo em qualquer hora e em qualquer lugar. Isso pode ser possível com a descoberta de que a paz que tanto procura no mundo exterior, só pode ser verdadeiramente encontrada e vivenciada dentro de você.

Neuromeditação® não é apenas mais método apresentado para vencer ou prevenir doenças, é uma filosofia que contribui para manter a saúde e que preconiza, acima de tudo, desenvolver o processo de autoconhecimento e vem pautada na crença de que no interior de cada ser existe absolutamente tudo aquilo que ele precisa para se autodesenvolver mesmo em meio ao caos e à instabilidade da vida.

Portanto, o praticante não deve buscar na Neuromeditação® um caminho de cura agenciado por um professor ou guru, mas, sim, um retorno a si mesmo, sendo o seu próprio agente de cura, encontrando, internamente, um tempo e um espaço de segurança e de paz.

Eu não tenho todas as respostas para as suas perguntas! Isso você terá com o autoconhecimento e aprendendo a ler as legendas da sua alma! Se olhar para o espelho, vai ver a única pessoa que pode guiar o seu caminho, aquela que pode transformar radicalmente a sua vida e lhe mostrar o quanto você pode ser feliz. Enquanto buscar do lado de fora, eu posso lhe garantir que jamais encontrará o que procura. "Conheça-te a ti mesmo e conhecerás o Universo e os Deuses".

Quando você mergulha de fato em seu íntimo, não apenas se desenvolve espiritualmente como também pode encontrar a plenitude da sua essência. O problema não é que o Uni'verso não fala conosco, muitas vezes nós é que não estamos receptivos a escutá-lo. A busca por orientação no seu exterior acontece por você ainda não entender que seu maior guia reside dentro do seu coração.

Cada um de nós possui uma pedra preciosa em nosso coração, uma joia chamada *Pūrusha*. Essa joia é a nossa essência, uma luz brilhante e pura, que permanece muitas vezes oculta, guardada no interior do nosso ser. Sua missão é encontrar a sua luz e fazê-la brilhar, iluminando o seu mundo interior e, também, tudo que o cerca no exterior. A vida muitas vezes é desafiadora, algumas vezes a jornada é árdua e a estrada é longa, mas sempre há muito mais para evoluir e novos momentos a desbravar. Não podemos desistir de conduzir nossa vida com leveza e plenitude, e a Neuromeditação® é uma ferramenta que contribui para isso.

Além de ser um instrumento que vai lhe ajudar a viver melhor, com mais bem-estar, este livro é um convite para que você abra o seu coração para a essência mais genuína da Neuromeditação®: viver o autoconhecimento ESSENCIAL'MENTE!

Sempre que começo um livro direcionado ao processo de autoconhecimento, eu faço a seguinte pergunta aos meus leitores: "Você está pronto para morrer?". Sim, foi isso mesmo que perguntei! A fim de iniciar um processo de autoconhecimento profundo, seja por meio da Neuromeditação® ou de qualquer outra ferramenta terapêutica, algumas coisas dentro de nós inevitavelmente vão morrer e ceder lugar a um processo de autotransformação. Neste caminho, muitas vezes vamos nos deparar com medos, bloqueios, inseguranças, traumas, angústias ou condicionamentos sociais, culturais e econômicos, dentre muitos outros sentimentos conflitantes. A estrada para o autoconhecimento não é preenchida somente por sentimentos de paz e, por isso, muitos passam uma vida inteira fugindo inconscientemente de seu próprio Eu. É preciso ter muita disposição para mudar, assim como para enxergar nossa escuridão e transformá-la em luz.

Enfrentar uma psicoterapia, iniciar a Neuromeditação®, o Reiki, o Yoga ou qualquer outra ferramenta de autoconhecimento não é, definitivamente, sinal de loucura ou de fraqueza, mas uma demonstração de lucidez, determinação e coragem! Costumo dizer que os mais saudáveis psiquicamente são exatamente aqueles que buscam se ajudar, encarar os problemas e ajustar seus relacionamentos. É necessário ter força e sabedoria para mudar e ressignificar aquilo que nos impede de ser feliz.

Não devemos buscar terapias e meditação somente quando estamos em crise ou em desespero, mas também como processos preventivos e, acima de tudo, devemos compreendê-las como ferramentas que desenvolvem equilíbrio, autocura, assertividade integral e bem-estar emocional em qualquer momento de nossa vida.

Meditar, respirar e amar são chaves para uma nova consciência planetária. Quando nos transformamos, tudo ao nosso redor se transforma também, manifestando a mudança que queremos ver no mundo.

Adquirimos neste Planeta hábitos específicos, que são estimulados por nossa cultura e que acabam reproduzindo certos padrões culturais e comportamentais negativos. Esses padrões influenciam diretamente nossa qualidade de vida e nosso nível de bem-estar. Quando um comportamento se repete muitas vezes, o cérebro realiza dinâmicas conexões sinápticas, fazendo com que a mente crie um caminho neural que interliga o sentir, o pensar e o agir. É dessa forma que arquivamos um determinado sistema comportamental em nosso inconsciente. Porém, mesmo após o cérebro registrar uma informação e transformá-la em um hábito ou em um vício negativo, com disciplina e dedicação é possível iniciar o processo de autocura, programando ou desprogramando o cérebro em relação a qualquer atividade cognitiva que envolva o pensamento, a linguagem, a percepção, a memória, o raciocínio e o intelecto. E é por meio da repetição do positivo que desconstruímos o negativo, reprogramamos e construímos novos hábitos, adotando psiconeurocientificamente uma forma mais eficaz e assertiva de nos comunicarmos com nosso inconsciente, transmitindo um novo padrão comportamental, vibracional e mental; é justamente sob essa perspectiva que a Neuromeditação® atua.

Apesar de o método e a filosofia serem integralmente de minha autoria, algumas das técnicas ensinadas no manual de Neuromeditação® foram incorporadas de outras filosofias de vida; portanto, o manual é um compilado de práticas e uma reunião interdisciplinar de saberes, filosofias e ciências que, integradas com as minhas experiências, criações, desenvolvimento intelectual, vivências e intuições, sistematizaram-se, dando fruto à presente metodologia. Considero essencial esclarecer este fato, pois, atualmente, vemos muitas escolas de meditação – principalmente no ocidente – que reproduzem técnicas antigas sem fazer referência às suas verdadeiras origens. No meu caso, eu reverencio e reconheço com muita gratidão e humildade as técnicas – para além das minhas criações – que foram incorporadas ao método, originadas em diversas culturas orientais das quais sou uma grande e eterna admiradora, praticante e estudiosa.

Por meio dessas experiências vivenciais pretendo contribuir para a saúde mental e emocional dos seres em geral, auxiliando para que possam desfrutar da profundidade dessas filosofias de vida que se complementam sublimemente, construindo, assim, uma forte base ética, social, espiritual, física e energética.

As técnicas contempladas no método representam profundas formas de se transformar, e é justamente este construto filosófico que este livro pretende enfatizar, integrando profundas ferramentas de desenvolvimento humano, com base em uma abordagem holística e integrada.

Eu verdadeiramente acredito no papel da Neuromeditação® e nas técnicas integrativas que complementam o método, como ciências missionárias na construção de um mundo melhor e de um futuro mais benevolente, humano e consciente acerca das necessidades planetárias e individuais.

Pesquisas desenvolvidas em diversas partes do mundo já demonstram que a meditação e a respiração são práticas que comprovadamente alteram nossos padrões mentais e comportamentais e contribuem para o aprendizado e o recondicionamento de nossa mente, adaptando-a a novos hábitos, mais positivos e assertivos, que reverberam psiconeurologicamente em nossa saúde mental, impactando diretamente em nossa saúde física e, naturalmente, em nossa qualidade de vida.

Estímulos que nos modificam neurologicamente são processados em diferentes níveis e nos chegam por terminações nervosas, funcionalmente organizadas em cinco sentidos. De acordo com os princípios da ciência neural, cérebro, mente, emoções e ambiente integram-se numa extensão contínua, e os estímulos de meditação, relaxamento e bem-estar promovidos pelas técnicas de Neuromeditação® estão intimamente ligados a uma positiva reestruturação cerebral que é promovida por mudanças coordenadas nas estruturas sinápticas, que levam ao remapeamento dos circuitos neuronais e, por conseguinte, ao processamento de informações, ao aprendizado de novas realidades, ao treinamento do cérebro (meditação) e à formação de memórias.

Ao desenvolver a união consigo mesmo, por meio dessas profundas metodologias naturais, o indivíduo cuida-se integralmente, em uma abordagem integrativa e holística, conectando-se também ao Universo. O termo *holístico* [do grego *holos,* "integral"], aqui usado, refere-se a um cuidado que envolve o corpo, a mente, as energias, as emoções e o espírito. O universo, nesse contexto, pode representar a natureza, o todo, o cosmos ou o divino, ou seja, essas práticas são completamente independentes de religião e crença e se apresentam de uma maneira que facilita o encontro de um caminho sólido, íntegro, saudável e profundo para viver.

Tudo começa dentro de nós! Somos as escolhas que fazemos. Como você tem programado a sua mente? Eu lhe convido a se energizar, a respirar, a neuromeditar, a amar, a se transformar e a se reencontrar com sua verdadeira essência, ESSENCIAL'MENTE, com o auxílio da Neuromeditação®!

Reconheça o privilégio presente na oportunidade de se desenvolver espiritualmente e mentalmente. Luxo hoje em dia é ostentar saúde mental. A igreja que vai impactar o mundo não é a que você está *indo*, mas, sim, a que você está *sendo*, afinal, o maior ensinamento deixado por todos os grandes mestres do Uni'verso, discursa sobre *ser* amor.

No pequeno espaço entre seus pensamentos, você encontra a grandiosidade de *ser* o que verdadeiramente *é* e a manifestar o divino.

Espiritualidade é diferente de religiosidade.

Individualidade é diferente de individualismo.

Seu espírito pode ansiar pela solitude e pelo silêncio que somente um grupo grande é capaz de proporcionar.

O amor que você deseja encontrar não está no outro, mas dentro de si.

O trabalho que vai lhe fazer prosperar não é sorte, é construção.

Algumas vezes você não precisa dormir, mas sim acordar, e então, despertar! Porque em alguns momentos não é o seu corpo que está cansado, e sim a sua alma, portanto, você não precisa dormir, precisa de um movimento em busca da sua essência.

Plante em solo fértil, com esperança;
Adube o espírito, com dedica'ação;
Valorize o plantio, com gratidão;
Desfrute da colheita, com contentamento.
Nosso verdadeiro lar é o nosso corpo.
Nosso verdadeiro templo é o agora.
Acredite no seu propósito e se permita florescer no presente!
Flor e Ser...

Este manual é um verdadeiro presente para que você possa Ser ESSENCIAL'MENTE. A felicidade é acessada quando se vivencia a profundidade do simples dentro de si. De um modo sutil e olhando para dentro, você pode balançar e impactar fortemente todas as estruturas do mundo.

Estamos alinhados com o nosso propósito quando acordarmos motivados a conduzir nossas vidas com amor, mesmo em meio aos desafios. Somos o micro do macrocosmo. A paz do mundo é aquela que habita dentro de nós, portanto, você é o Uni'verso! Integre-se a ele!

Nesta obra o leitor terá a chance de descobrir a Neuromeditação® como uma estrada que irá guiá-lo de volta para seu verdadeiro lar, onde se sentirá acolhido, amado e pleno: a chance de descobrir a sua própria essência.

Seja a sua essência, ESSENCIAL'MENTE!

Pilares da Neuromeditação®

Os três pilares que sustentam a metodologia da Neuromeditação® são: a respiração, a meditação e a neurociência associada à psicologia.

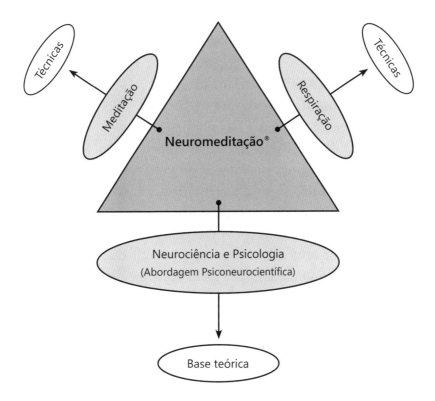

Ao longo dessa obra iremos nos debruçar sob a base teórica, metodológica e prática das técnicas que envolvem cada um dos três pilares da Neuromeditação®, antes disso, vamos compreender qual a base filosófica que a sustenta.

Filosofia da Neuromeditação®

Filosofia é o estudo de questões gerais e fundamentais sobre a existência do Ser. A palavra *filosofia* ou *philosophia* (do grego) é derivada de uma composição de duas palavras, *philia* que significa amor fraterno e/ou amizade e *sophia* que significa sabedoria ou simplesmente saber. Filosofia significa, portanto, amizade pela sabedoria ou amor pelo saber.

Após estudar inúmeras filosofias de vida ao longo de minha existência, houve algo que passei a compreender e a valorizar profundamente: técnicas mecânicas sem uma profunda base filosófica se tornam meramente superficiais, ou seja, não são vivenciadas com profundidade. A transformação de um praticante de meditação certamente torna-se muito mais profunda quando amparada por um sólido construto filosófico que norteie a sua jornada e contribui para que ele não continue adotando em sua vida os mesmos comportamentos tóxicos, sem a observância de fundamentais condutas éticas, morais, conscienciais e espirituais que tragam mais sentido, reflexão e sabedoria.

A filosofia da Neuromeditação® se constitui uma ferramenta que planta a semente do amor no coração do praticante para que ela possa florescer para o mundo, é uma maneira de Ser a sua própria essência, a expressão de um conjunto de ideias e princípios que norteiam a busca de um indivíduo pelo seu próprio Eu. Pensando nisso, amorosamente desenvolvi um construto filosófico para o método da Neuromeditação®.

Minha ideia é apresentar, por meio desse elemento, uma estrutura para solidificar e amparar a prática de nossos neuromeditadores. Minha intenção nunca foi apresentar um conjunto de dogmas ou regras, pelo contrário, a ideia é estimular meus leitores e alunos a experienciar princípios éticos e morais mais conscientes e respeitosos diante de si mesmos e do Uni'verso. Somos seres humanos e, como tais, estamos em profundo e constante processo de autoaperfeiçoamento, é natural que não consigamos aplicar essas sugestões a todo momento em nossas vidas, mas não podemos desistir de fazer de cada nascer do sol uma nova oportunidade de construir (interna e externamente) um mundo melhor, mais saudável e igualitário.

Apresento-lhes, a seguir, a estrutura filosófica da Neuromeditação® que é composta de nove princípios filosóficos que norteiam os *valores essenciais* a serem cultivados e observados por todos os praticantes do método:

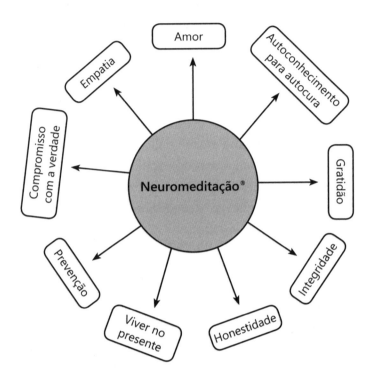

Amor

O amor é o princípio básico de toda e qualquer coisa que nos propomos a fazer nessa vida. Seja meditando ou ensinando meditação a alguém, é extremamente importante que o façamos por amor. Esse é o primeiro valor essencial que devemos cultivar e, acima disso, é importante observar os gestos, os comportamentos e as atitudes amorosas que adotamos em nosso dia a dia, muito além da Neuromeditação®. O amor é a energia mais forte e potente do Uni'verso, capaz de promover indivisíveis milagres em nossos corações e em nossas vidas.

No início desta obra utilizo um trecho de "Coríntios, 13:1" que diz o seguinte "Ainda que eu falasse as línguas dos homens e dos anjos, e não tivesse amor, seria como o metal que soa ou como o sino que tine" Para além disso, o princípio primordial de todas as filosofias e religiões, e até mesmo do sucesso a longo prazo de qualquer processo, é o amor. Todas as atividades que fazemos na vida somente tem real valor se desenvolvidas com amor. Sinto que, muitas vezes, as pessoas confundem o amor com uma série de outras coisas: paixão, apego, dependência, chegando até a diminuírem a sua importância, reduzindo sua prática somente a poucas pessoas mais próximas. Considero que essa vivência, para se tornar fidedigna, precisa envolver todos os seres: pessoas, plantas, animais e até mesmo as nossas experiências.

Resumindo: é pra amar geral! Para além do seu umbigo! Amar quem nos ama é fácil, mas somos desafiados todos os dias a amar até mesmo aqueles que demonstram não merecer. A título de exemplo, na Bíblia podemos identificar o ensinamento de que devemos amar o nosso próximo como a nós mesmos.

Empatia

A empatia pode ser compreendida como a capacidade de se colocar no lugar de outra pessoa, procurando compreender, sentir ou pensar da forma como ela pensaria ou agiria nas mesmas circunstâncias. É ter a sensibilidade de ouvir alguém em essência e compreender os seus desconfortos, tristezas e alegrias; bem como se alegrar com suas vitórias e conquistas e se convalescer com suas dores.

De modo geral, a empatia é a capacidade que uma pessoa tem de vivenciar a dor e a alegria da outra, mesmo que a ligação entre elas não seja algo extraordinário. Em outras palavras, seria o exercício afetivo e cognitivo de buscar interagir percebendo a situação que está sendo vivida por outra pessoa, para além da sua própria situação.

Entretanto, algumas pessoas possuem uma habilidade maior para sentir e agir empaticamente, já outros um grau muito baixo dessa mesma afetividade. Isso porque desenvolver a empatia demanda, principalmente, além de amor e sensibilidade, o desenvolvimento de inteligência emocional; mas o lado bom dessa história é constatar que, exceto em casos de psicopatia, a habilidade da empatia pode ser desenvolvida através da

Neuromeditação®, e também por isso, a empatia foi escolhida como um "valor essencial".

A empatia está totalmente relacionada a outro sentimento igualmente válido e importante: a compaixão, que se caracteriza pelo desejo de uma pessoa de aliviar o sofrimento de outra em situação de tristeza ou de vulnerabilidade, a partir de atos altruístas. Sendo assim, pela sensibilização com a dor do outro, reforçando que se sensibilizar é diferente de ter dó. A compaixão é descrita como um sentimento essencial para a manutenção da paz na humanidade e é ingrediente fundamental para relacionamentos harmoniosos, gerando afetividade e gentileza.

Compaixão, gentileza e empatia são as bases deste princípio da Neuromeditação®. A compaixão conduz à empatia pelo outro, e a empatia, por sua vez, conduz à gentileza e ao acolhimento.

Gentileza gera gentileza. Amor gera amor. Empatia gera empatia e compaixão gera compaixão. Abra-se para vivenciar estes elementos transformadores e seja a sua essência, ESSENCIAL'MENTE!

Integralidade

A Neuromeditação® possui uma metodologia holística e integrativa de abordagem transdisciplinar e psiconeurocientífica. O termo *holístico* [do grego *holos*, "integral'"], aqui usado, refere-se a um cuidado que envolve o corpo, a mente, as energias, as emoções e o espírito, ou seja, um cuidado integral com o ser humano, pautado em uma abordagem de acolhimento, humanização, escuta digna e integração de saberes, que está relacionada à condição integral, e não parcial, da compreensão do ser humano.

A integralidade representa a totalidade, a completude, o holismo na busca da integração entre a ciência e a espiritualidade e, por tudo isso, ela representa um dos *valores essenciais* da Neuromeditação®.

Neste princípio, o termo holístico, para além da abordagem multidimensional, diz respeito também ao acolhimento a todos os perfis de pessoas inseridas nos mais diversos sistemas sociais, culturais, religiosos, econômicos e de visão do mundo. Nosso método pretende acolher, aplicar-se e se adaptar a todas as pessoas. A Neuromeditação® é para todos!

Prevenção

Na Neuromeditação® podemos utilizar tanto uma abordagem preventiva quanto uma abordagem focada no tratamento, entretanto, sua metodologia possui um olhar mais aprofundado para a saúde, no qual se prioriza e se incentiva a prevenção. O enfoque é em cuidar da saúde e não em tratar a doença, mesmo que pessoas adoentadas também possam se beneficiar igualmente com o método. A técnica é capaz de gerar uma série de respostas físicas e psicológicas que podem auxiliar na prevenção de inúmeras condições, especialmente aquelas resultantes dos efeitos tóxicos do estresse e da ansiedade excessiva, bem como contribuir no manejo de problemas de saúde já estabelecidos, assim como na promoção de saúde emocional e mental. Dessa forma, apesar de não substituir tratamentos tradicionais, o método da Neuromeditação® pode ser utilizado de forma complementar, em um contexto terapêutico.

O método pretende incentivar seus praticantes a adotar uma postura de prática constante e contínua, que evita a somatização de sintomas emocionais negativos, priorizando a prevenção. Esse tipo de abordagem vem ganhando cada dia mais reconhecimento por parte da comunidade científica e também grande adesão por parte da população, já que ela diminui até mesmos os gatos com a saúde, prevenindo questões de ordem física e emocional.

Compromisso com a verdade

Nossa verdadeira identidade manifesta, por si só, a luz da verdade! É necessário ampliar a proximidade entre sua inteligência emocional e sua inteligência espiritual, de maneira que sua experiência se torne tão verdadeira que desapareçam todas as armadilhas internas que sabotem seu desenvolvimento pessoal. Isso só vai ocorrer quando você se libertar e manifestar a sua verdade, quem você é, ESSENCIAL'MENTE.

Ter compromisso com a verdade é praticar o amor em sua essência, eliminando a hipocrisia de *ser* e de *verbalizar* somente o que é socialmente aprovado ou esperado. Vivemos em um mundo que não nos incentiva a sermos o que somos e que nos ensina que é preciso *ter* para *ser*, mas absolutamente tudo o que você precisa já está dentro de você.

Não estamos praticando a verdade quando nos calamos diante das injustiças ou quando nos abstemos de dizer a verdade. É importante compreender que praticar Neuromeditação® não significa ser santo e viver silenciando seus desconfortos. Eliminar os véus da ilusão é uma das formas de exercitar a plenitude da verdade dentro de nós. Caluniar, exagerar, mentir, omitir, fingir, distorcer, induzir ao erro e manipular pessoas e situações mediante nossos interesses representa tudo que o princípio da verdade repudia. Quando você encontra a verdade em si mesmo, consegue enxergá-la no outro e reverenciar a profundidade que habita em cada ser.

Na filosofia do Yoga existe um princípio denominado *Satya*, que significa autenticidade. Ser autêntico é manifestar a verdade de nossa essência. Praticar a verdade não significa somente não mentir para as outras pessoas, mas de fato viver a nossa essência, a manifestação de nosso *Pūrusha*, nosso Self, o arquétipo do divino que habita em nós. Por tudo isso, ela representa um dos *valores essenciais* da Neuromeditação®.

Autoconhecimento para a autocura

A Neuromeditação® não se apresenta com a figura de um mestre. Mesmo eu, criadora do método, não me sinto melhor do que ninguém e não pretendo ser um guru. Nosso objetivo é que cada um encontre o seu mestre, dentro de si, transformando-se em seu próprio guru, e é por tudo isso que o "autoconhecimento para autocura" representa um dos *valores essenciais* da Neuromeditação®.

Cada indivíduo precisa aprender a ler as legendas da sua própria alma! Então repito, eu não tenho as respostas para todas as suas perguntas! Olhe para o espelho e veja ali a única pessoa que pode guiar o seu caminho, aquela que pode transformar radicalmente a sua vida e lhe mostrar o quanto você pode ser feliz. Não acredite em fórmulas mágicas para alcançar a felicidade. Enquanto buscar do lado de fora, eu posso lhe garantir que você jamais encontrará o que procura. Não acredite em soluções e respostas mágicas. Escute as *suas* perguntas mágicas! São elas que efetivamente podem transformar sua vida e mostrar-lhe o caminho a seguir!

"Conheça-te a ti mesmo e conhecerás o universo e os deuses". Essa frase, atribuída ao filosofo ateniense Sócrates, sintetiza o significado de "autoconhecimento para a autocura", porque a transformação do seu Eu, somente pode ser verdadeiramente promovida por si mesmo. Quando, de fato, você mergulha em seu íntimo, não apenas se desenvolve enquanto ser humano, como também pode encontrar a plenitude. Todas as respostas que precisa já estão dentro do seu coração. O autoconhecimento não é um processo apenas intelectual (afinal, nem tudo pode ser encontrado nos livros), nossa metodologia, por exemplo, pretende nortear e orientar você, mas somente a prática pode transformá-lo, é preciso aprender a ler o Universo inteiro dentro da sua alma, fazer o seu próprio trajeto, ter sua própria experiência.

Viver no presente

Viver o presente é um dos *valores essenciais* da Neuromeditação®. O presente é o momento mais sagrado e precioso de nossa vida. É o único em que podemos ser, sentir, viver e amar profunda e verdadeiramente. Precisamos parar de divagar entre o passado e o futuro e estar presente e consciente no agora. Precisamos curar o nosso passado, viver o nosso presente e planejar harmonicamente o nosso futuro, com a plena consciência de que o controle integral de tudo é uma ilusão. Precisamos parar de morrer como se nunca tivéssemos vivido e de viver como se nunca fossemos morrer...

A preocupação excessiva com o amanhã retrata falta de fé. É necessário fazer a sua parte e confiar em si e no Uni'verso. Preocupar-se é inútil. Desapegue-se e deixe fluir.

Existe uma frase antiga que representa muito bem a sabedoria desse ensinamento. Ela é atribuída ao sábio Dalai Lama (apesar de eu não ter conseguido confirmar essa fonte), e diz o seguinte: "Só existem dois dias no ano que nada pode ser feito. Um se chama ontem e o outro se chama amanhã", portanto, hoje é o dia certo para amar, acreditar, fazer e principalmente viver.

Atravessamos toda uma vida batalhando para ter dinheiro e, muitas vezes, acabamos precisando investir tudo que ganhamos em cuidados com a saúde. Estamos sempre preocupados e ansiosos com o nosso futuro, com isso, acabamos esquecendo de viver o maior presente, que é o agora, e então terminamos não vivenciando bem nenhum dos dois. O segredo da saúde física e mental está em viver plenamente o sagrado momento presente.

Gratidão

Quando coisas ruins acontecem devemos ser gratos pelo aprendizado e pela oportunidade de crescimento; quando coisas boas acontecem, devemos ser igualmente gratos. Quando sentimos gratidão, ativamos o sistema de recompensa do cérebro, localizado numa área chamada *nucleus accumbens*, responsável pela sensação de bem-estar e de prazer. Quando o cérebro reconhece nosso sentimento de gratidão por algo que nos aconteceu, dá-se a liberação de dopamina, importante neurotransmissor que aumenta a sensação de regozijo e faz com que pessoas frequentemente gratas experimentem níveis elevados de vitalidade, otimismo, relaxamento e satisfação. A gratidão estimula também a liberação de ocitocina, hormônio que gera paz interior e tranquilidade, estimula os vínculos afetivos e reduz a angústia, o estresse e a ansiedade, facilitando o controle de estados mentais negativos e desnecessários. Ser grato estimula também a prática do contentamento, que não significa exatamente estar feliz o tempo todo, mas ter sabedoria para driblar o desafio da impermanência com a vivência da gratidão e da fé. Quando temos fé e somos gratos, compreendemos que tudo o que chega é por algum motivo, e que, portanto, todas as situações felizes ou desafiadoras podem se transformar em uma oportunidade de evolução.

A prática da gratidão, associada à experiência do contentamento nos ajuda a sair dos estados extremos – da alegria exacerbada ou da tristeza profunda – direcionando-nos ao equilíbrio. Tudo passa, e isso que estamos vivenciando agora também vai passar. Contentamento com gratidão é a alegria de viver a estabilidade presente na impermanência. É experienciar a leveza do equilíbrio, buscando em cada situação o que existe de bom e, com isso, viver em permanente estado de contentamento. Afinal, tudo é bom: se não é bênção é lição ou missão. Viva o valor essencial da gratidão e seja a sua essência, ESSENCIAL'MENTE!

Honestidade

No Reiki temos um princípio muito importante que norteia a minha escolha pelo conceito de "honestidade", que é o *Kyo dake wa, Gyo wo haga me*, que pode ser compreendido como "Somente por hoje, seja honesto em sua vida e em seu trabalho". A leitura que faço desse princípio é de que a honestidade não é uma virtude, mas, sim, uma obrigação. Caso você ensine meditação é importante que seja honesto em seu trabalho. Caso pratique Neuromeditação® é importante que seja fiel às demandas do seu mundo interior neste processo. Mas caso seja somente um curioso sobre esse Uni'verso, independentemente de sua jornada ou da filosofia de vida que escolheu seguir, é essencial a vivencia e a experiência da honestidade em cada passo, em cada profissão, em cada relacionamento, consigo mesmo e com o outro, em cada trabalho, em cada atitude. O certo é certo, mesmo que ninguém esteja vendo, e o errado é errado, mesmo que todos estejam fazendo. Então, seja honesto em todos os seus atos.

Esse mesmo princípio escolhido para nortear a Neuromeditação®, a honestidade, lembra também, um princípio fundamental da filosofia do Yoga, chamado *Asteya*, que significa "não roubar"; na minha concepção, ele se encaixa harmonicamente com o princípio da honestidade, especialmente no contexto do trabalho e das nossas atitudes para com o mundo. Não roubar vai muito além de não se apropriar de um bem material que é do outro. Praticar *Asteya* representa a libertação da inveja, da cobiça e do desejo do que não nos pertence, tanto no plano da matéria, quanto no plano do intelecto, das emoções, das criações, dos talentos e das execuções. Implica a não roubar sequer uma ideia, um texto, um pensamento ou uma energia que não seja sua. E também a reconhecer dentro de si o amor pelos seus próprios dons e aptidões, parando de tentar ser o que não é ou reproduzindo um padrão de comportamento e de conduta baseado em outra pessoa.

A falta de amor-próprio faz com que valorizemos mais o que é de outrem do que aquilo que está em nós, que nos foi dado ou que foi conquistado por nós, e isso nos afasta profundamente da nossa verdade e da honestidade para com o nosso próprio Eu e com o mundo. Essa falta de amor motiva a falta de ética, de honestidade e de integridade diante das outras pessoas e da vida. Agradeça todos os dias por ser quem você é e por ter a divina oportunidade de ser justo, coerente e honesto. Saiba que você está exatamente onde deveria estar, vivendo exatamente aquilo que tem moldado e construído em seu benefício. Se for para ser melhor, que seja a melhor versão de si mesmo! Se não está satisfeito, comece a mudança por você! Não sobrecarregue o outro com a desonestidade de não manifestar a sua essência, que já é pura e divina. Seja ESSENCIAL'MENTE honesto e íntegro. Nunca é tarde para começar! Supere a si mesmo e não ao outro. Assim, não existirá carência interna que necessite ser suprida com a presença do que não é seu; tampouco existirá o desamor pelas suas próprias conquistas nem a necessidade de agir desonestamente para conquistar um resultado que não lhe pertence. Seja honesto, vivencie esse *valor essencial* e seja a sua essência, ESSENCIAL'MENTE!

Principais benefícios identificados a partir da prática da Neuromeditação®

- Auxílio no combate à depressão e à síndrome do pânico.
- Redução da ansiedade.
- Gerenciamento de estresse.
- Equilíbrio emocional e energético.
- Melhora de estados mentais de tristeza e de desânimo.
- Autodesenvolvimento e autoconhecimento.
- Melhora da concentração, do foco e da memória.
- Combate à insônia.
- Alívio da tensão muscular.
- Paz interior e relaxamento.
- Melhora da respiração.
- Melhora da saúde como um todo.
- Melhora do humor e das suas oscilações.
- Melhora do relacionamento com o outro e consigo mesmo.
- Autotransformação, autocura, autoamor, autocontrole e autoconfiança.
- Complementar a todo tipo de tratamento.
- Constitui-se como filosofia e método ao mesmo tempo.
- Método preventivo.

Meditação e Neuromeditação®: espiritualidade e ciência

Meditar representa estabilizar a mente. Superficialmente, a meditação pode ser definida como um conjunto de técnicas que contribuem para que o indivíduo possa focar a sua mente em um objeto, pensamento ou atividade, visando a conquistar um estado de clareza mental e emocional. Entretanto, o entendimento filosófico e cultural da meditação se expande para um conceito e para uma vivência muito mais profunda do que a maneira – às vezes reducionista – que a prática vem sendo ensinada no ocidente. Não meditamos para alcançar um objetivo em especial. Meditamos para simplesmente SER o que somos em essência, ou seja, para fazer uma jornada em direção ao nosso próprio Eu!

E é exatamente este o ponto-chave que a presente obra pretende enfatizar. Admito que, inicialmente, minha ideia foi desenvolver um trabalho totalmente científico, onde não existisse absolutamente nenhuma menção às abordagens e às literaturas de cunho espiritual, debruçando-me exclusivamente a uma abordagem científica e acadêmica sobre a neurociência e as "provas" (que não são poucas) que validam a utilização da meditação enquanto técnica terapêutica; isso porque eu queria que os benefícios da meditação fossem aderidos pelo maior número de pessoas possível – inclusive por aqueles mais céticos – para que absolutamente todos pudessem se identificar e se beneficiar verdadeiramente da qualidade de vida proporcionada pela meditação.

Quando o esqueleto desta obra surgiu – inicialmente da minha apostila do curso de Neuromeditação® – retirei dela todo e qualquer conteúdo que fizesse menção à energia ou à espiritualidade, eu pensava que já havia tido espaço para explorar esse contexto e suas respectivas temáticas nas minhas obras publicadas anteriormente (*Essencial'mente Yoga* e *Essencial'mente Reiki*). Tive receio de que, do ponto de vista científico, a obra fosse julgada como uma contradição ou que soasse com um caráter místico ou esotérico. Felizmente, a clareza do meu propósito foi gradualmente contribuindo para que, eu pudesse perceber que, integrar mais uma vez a neurociência com a espiritualidade era necessário; que não fazia absolutamente nenhum sentido deixar de ser "quem eu sou" para provar coisa alguma. Não fazia sentido fragmentar conhecimentos para corresponder aos padrões reducionistas e mecanicistas da sociedade meramente para "convencer" as pessoas de que a meditação pode ser praticada por todos, independentemente de sua crença, religião ou visão de mundo.

Precisamos compreender que a espiritualidade não precisa ser religiosa ou reducionista, e muito menos cega. É perfeitamente possível integrar ciência, espiritualidade e energia no mesmo campo de diálogo e, inclusive, compreender um, sob o viés do outro, pois essas pautas se complementam. Então, meu querido leitor, resolvi me soltar de corpo e alma e me entregar completa e livremente, sendo ESSENCIAL'MENTE "Eu", com toda a minha ciência e com toda a minha espiritualidade, em cada página deste livro.

Voltando ao tema deste tópico, caso você não se identifique com algum conteúdo "energético" ou "espiritual" que eu possa trazer por aqui, continue aberto a compreender tanto o que a ciência tem a mostrar sobre a meditação quanto às vivências incríveis que você pode experienciar com este método que eu construí com tanto estudo e amor. Por favor, comprometa-se a não permitir que seu ceticismo lhe sabote. Comprometa-se a praticar as ferramentas ensinadas para que possa compreender que meditação não é mera crença, mas, sim, experiência. Abra-se, portanto, para experienciar o contato com a sua essência! Afinal, eu não pretendo convencer ninguém das minhas verdades, tampouco apontar o melhor caminho a seguir. Como já disse anteriormente, eu não pretendo ser uma guru ou uma "mestre de luz". Somos irmãos nessa caminhada e estamos juntos em busca de *ser* a nossa melhor versão ESSENCIAL'MENTE. O objetivo aqui é o de contribuir com ferramentas para que cada indivíduo encontre do "lado de dentro", tudo aquilo que busca incessantemente do "lado de fora"; que cada ser descubra o divino dentro de si mesmo e que aprenda a ler as mensagens de sua alma! Afinal, seria uma tremenda falta de tempo morrer analfabeto de sua própria história!

Falando em espiritualidade, vamos deixar claro o seguinte: definitivamente não é necessário acreditar em Deus para praticar a Neuromeditação®. Naturalmente, mesmo sem acreditar, quando praticamos a Neuromeditação® estamos vivendo a experiência do Divino. Meditação não é religião, portanto, quando nos referimos à presença divina, podemos estar aludindo à energia universal que a tudo permeia, à natureza, ao cosmo ou a qualquer forma que seja expressão e representação daquilo com que o praticante se identifica. De fato, meditação é uma filosofia também espiritual, mas definitivamente não é religiosa. Todo indivíduo encarnado neste Planeta é ESSENCIAL'MENTE um ser espiritual passando por uma experiência humana e, portanto, temos dentro de nós a manifestação do sagrado: "Vós sois deuses" dizia o mestre Jesus. Somos feitos da mesma partícula das estrelas e podemos encontrar, dentro de nós, a essência do Uni'verso, para, além disso, com a meditação, poder treinar a mente, assim como treinamos o corpo.

Consumir o que o mundo propõe pode entreter a mente, mas muitas vezes, entretenimento é distração; e o amor e a evolução não são para os distraídos. O conhecimento de si mesmo é para os despertos, para aqueles que estão presentes no aqui e no agora, para os que dominam a fuga inconsciente da mente.

Nossa mente consegue ver um jardim que foi projetado, mas ela não consegue compreender a imensidão de uma floresta e o funcionamento cósmico da mãe natureza; o nosso intelecto não é capaz de compreender o transcendental, mas quando nos silenciamos, não apenas podemos sentir a natureza, como nos tornamos parte dela. Ao contemplar o silêncio e a profundidade da nossa mente, tornamo-nos Uno com a essência do Universo.

Todas as respostas podem ser acessadas quando silenciamos e mergulhamos em direção ao nosso Eu e, por isso, é absolutamente necessário ampliar a proximidade entre sua inteligência emocional e sua inteligência espiritual, de maneira que sua experiência se torne tão verdadeira que desapareçam todas as armadilhas internas que sabotem seu desenvolvimento pessoal. Isso só vai ocorrer quando você se libertar dos condicionamentos sociais, culturais e econômicos; e a meditação é uma ferramenta para isso.

O ansioso vive no futuro. O depressivo vive no passado. Praticar Neuromeditação® representa a sabedoria de estar presente no aqui e agora. É desapegar-se do que se foi e do que ainda está por vir. Mesmo dentro da prática neuromeditativa é necessário se desprender dos resultados e aprender a respeitar o tempo do seu corpo, das suas emoções, do seu momento, bem como o ritmo do seu ser, compreendendo que as instabilidades naturalmente existem, mas que é possível superá-las com disciplina e dedicação. Observe as ondas do mar: em um momento elas estão altas no oceano, logo em seguida estão desfeitas na areia. A sabedoria da Mãe Natureza ilustra a postura que devemos adotar diante da impermanência presente nas turbulências, nas marés e nas oscilações da vida: recuar quando necessário; entregar-se ao fluxo quando preciso...

Com sua fluidez, o elemento Água nos ensina sobre a impermanência da vida, que é como um passeio de barco, quando menos esperamos, subimos a bordo e precisamos ser marinheiros de uma longa viagem, dispostos a enfrentar fortes ondas, tempestades e ventanias, distantes do porto seguro, num mar de sonhos, remando contra a maré. Algumas vezes queremos parar tudo para descer, mas precisamos manter a força e lidar harmonicamente com toda a tripulação. O maior desafio da viagem é que não sabemos exatamente quando o barco pode perder a direção ou quando precisaremos nos deslocar dele para voltar para nosso verdadeiro lar: a eternidade. Sem amor e autoconhecimento, somos como um barco sem rumo, navegando sem direção.

As oscilações da água ensinam que sempre podemos nos surpreender, que a vida não segue planos, que devemos confiar em nós mesmos em primeiro lugar. E que precisamos ouvir nosso coração e nossa intuição; o barco nunca sabe a hora em que pode naufragar. Nunca sabemos quando algo ou alguém vai deixar de *ser*, nem que somos muito mais fortes do que pensamos. Devemos acreditar que nossa capacidade de ir além transcende o que nossos olhos são capazes de enxergar, que viver é muito menos confortável do que a nossa zona de conforto e que, quanto maior o conhecimento, maior é a nossa responsabilidade para conosco e para com o próximo.

Abra seu coração para a essência mais genuína do navegar: amar e se conhecer verdadeiramente! A estrada é longa. A jornada é árdua. E sempre há muito mais para evoluir e novas terras a desbravar.

A nossa viagem começa agora. Por onde? Por dentro! Por meio da Neuromeditação®! Quando aprendemos a ouvir a nossa essência e sentir confiança para manifestar a nossa verdade, e não a do amigo ou aquela que aprendemos, quando somos capazes de sentir nossos pés seguros para trilhar a própria jornada, estamos no caminho certo; no caminho do coração. E então, o mundo se abre diante dos nossos olhos e podemos enxergá-lo com o coração, com a alma, e não meramente com os limites materialistas dos olhos físicos.

Os orientais consideram que três coisas não podem se manter ocultas por muito tempo: o Sol, a Lua e a verdade. A lei da verdade funciona como uma alquimia. Não importa quantas máscaras sejam colocadas, não importa o quanto você minta para si mesmo, não importa quanto tempo esteja adormecido e inconsciente: um dia tudo no Universo vai conspirar para que a sua verdade chegue até você. Existem diversos missionários que podem ajudá-lo a encontrar a sua verdade: padres, pastores, cientistas, professores de Yoga, psicólogos, filósofos, pessoas que amam você e, especialmente, aquelas que o desafiam. Todos são mensageiros, mas somente sua alma pode acessar a sua verdade. Verdade esta que pode ser realizada trilhando diversos caminhos, alguns mais longos, outros mais curtos. Não importa qual ferramenta utilize, pois nenhuma é melhor ou pior que outra. Escolha seu caminho e siga-o! Fato é que existe uma joia dentro de você pronta para ser lapidada, o seu *Pūrusha*, o seu *Self*, a sua essência. Para isso, é preciso renascer da lama como uma flor de lótus e se libertar dos véus da ilusão. Essa é a sua tarefa. E ela é pessoal, imprescindível e intransferível.

A meditação é isso, faz parte de todo esse processo, tudo em que você foca a sua mente constituísse como um processo meditativo. Não estamos falando aqui da meditação técnica, mas daquela que vai mudar a sua maneira de se viver. Nesse sentido, meditar é observar, representando a qualidade de estar consciente, presente e alerta, conectando-se profundamente com a sua consciência. Partindo dessa ampla dimensão, toda ação consciente é meditação, sendo assim, você pode meditar andando, comendo, estudando, conectando-se com a natureza, sentindo as vibrações de uma cor, refletindo sobre algo, enfim, basta que esteja presente no ato, controlando as divagações da mente e se fundindo ao objeto de meditação.

Temos que ter sempre em mente que a definição oriental da meditação, em essência, possui uma dimensão mais profunda e complexa, como veremos logo a seguir, mas a técnica em si consiste basicamente em estar presente e focado em um objeto.

Aprender a estar presente ensina a viver de maneira amorosa, consciente e verdadeiramente conectada com o agora, que é o momento mais sagrado e precioso da sua existência; é a única verdadeira realidade, pois o restante não está acessível. Portanto, meditar é uma forma de SER a sua essência no mundo, ESSENCIAL'MENTE.

Na atualidade, a esfera da meditação ainda é encoberta por uma aura meramente mística e esotérica, como se nada disso fosse uma pauta científica. Por isso, o objetivo dessa obra, para além de apresentar técnicas do método de Neuromeditação®, é apresentar os mais diversos estudos científicos que envolvem a meditação propriamente dita, principalmente no que tange aos conhecimentos psicológicos e neurocientíficos.

Todas as técnicas para treinar meditação são válidas, mas nem todas representam exatamente o estado meditativo, elas são formas e maneiras de acender a sua luz em meio à escuridão. É um começo, é o desenvolvimento da habilidade de ser quem você é em essência. Meditar é testemunhar o seu próprio Eu. É tornar-se uno com o Uni'verso.

A Neuromeditação® é um instrumento para a sua jornada e não um destino a ser alcançado. Não é a chegada, mas as ferramentas que você vai utilizar ao longo do seu próprio caminho.

Estamos todos em uma jornada evolutiva, e para que o processo de autodesenvolvimento ocorra, precisamos meditar (ME-EDITAR)! Precisamos de meditação (MEDITA-AÇÃO)!

A prática meditativa que mais norteia as técnicas do método Neuro-meditação® foi inspirada na corrente teórica de meditação do Yoga, provavelmente pelo fato de eu ser professora dessa filosofia milenar há quase 15 anos. Entenda agora a visão que o Yoga possui da meditação.

Dhāranā e *Dhyānam*: a meditação segundo a perspectiva do Yoga

Antes de compreender a meditação sob a perspectiva do Yoga, vamos entender um pouco o que é Yoga.

> *Yogaḥ karmaṣu kauśalam.*
> *(Yoga é a habilidade na ação.)*
> Bhagavad Gītā - II: 50

Atualmente, existem milhares de filosofias que oferecem exercícios meditativos, respiratórios e corporais extremamente eficazes para o auto-conhecimento. Mas nunca se teve acesso a um manancial tão completo de práticas, obras literárias e filosofia como se observa no Yoga.

> Comecemos por delimitar o sentido do termo Yoga. Etimologica-mente, ele deriva da raiz yuj, "ligar", "manter unido", "atrelar", "jungir", que originou o termo latino *jungere*, *jugum* e o inglês *yoke*, etc. O vocábulo *Yoga* serve, em geral, para designar toda técnica de ascese e todo método de meditação. (Eliade, 1996, p. 20)

Yoga é uma filosofia de vida que se desenvolveu na Índia ao longo dos últimos quatro mil anos. É uma prática que visa à identificação do ser humano com sua própria natureza (microcosmo) e à sua integração com o Universo (macrocosmo). Serve como instrumento para que o indivíduo se autoconheça e possa alcançar a consciência do estado de iluminação (*samādhi*) e, assim, trilhar seu caminho em direção à libertação (*moksha*) e ao isolamento (*kaivalyam*), que pode ser compreendido como indepen-dência. Os textos antigos afirmam que Yoga é *samādhi* (iluminação), ou seja, a vivência do Yoga (a vivência do *samādhi*) visa a conduzir o prati-cante ao objetivo dessa filosofia, que é *moksha*: a libertação.

O Yoga é uma ferramenta para trilhar o *dharma,* que vem do sânscrito, "aquilo que sustenta", "aquilo que cada um deve ser segundo a vontade divina", "aquilo que nos dá propósito de vida", é o caminho em direção à missão da nossa alma. É a prática (*sādhana*) da ação amorosa, destinada ao cumprimento do objetivo da alma humana, para que ela se liberte dos ciclos de vida e morte (*samsāra*).

Neste mundo, vivemos segundo uma série de padrões, de modelos e acabamos por nos identificar com o que pensamos que somos. O Yoga nos convida à vivência da independência, à desconstrução do que pensamos ser e à manifestação do que verdadeiramente somos, num trajeto de volta para casa, de volta para nós mesmos.

Yoga propõe uma experiência de reintegração com o *Pūrusha* ou *Puruṣa*, a essência cósmica que está dentro e fora de nós, a manifestação do Absoluto, a libertação das dualidades e a fusão com a unidade.

Segundo os *sūtras* de *Patañjali* (2015, p. 42) *Yogaç cittavṛttinirodhaḥ*, pode ser traduzido por "Yoga é o recolhimento dos meios de expressão da mente".

Encarnar neste Planeta nos impõe de imediato o sacrifício de esquecer nossa verdadeira identidade, que já é iluminada e similar à perfeição divina. O Yoga é um convite, um verdadeiro presente para cessar as consequências das modificações geradas por intervenção e doutrinação mundana – pelas armadilhas pregadas pela nossa mente, que já está adaptada aos parâmetros de uma sociedade ansiosa e imediatista –, interrompendo as oscilações e inquietudes do funcionamento mental.

Como facilmente se percebe, o Yoga se baseia no princípio holístico, pois abrange e estuda todas as dimensões do indivíduo, e constitui-se numa disciplina integradora de todos os aspectos que abrangem a experiência humana. Fundamentado na educação e na saúde fisiológica e psicológica, o Yoga fornece fortes alicerces para a construção de um mundo melhor, tanto interior, quanto exterior. Para ser devidamente compreendido, o Yoga deve, mais do que ser definido ou explicado, ser vivenciado.

Para o corpo, são praticados os *āsanas* [pronuncia-se *ássanas*], isto é, posições psicofísicas nas quais se deve manter a estabilidade e o conforto. Para as emoções, são praticados os exercícios de controle respiratório, que induzem à tranquilização do ritmo cardíaco até que se possam atingir pausas conscientes, confortáveis e prolongadas. Para as energias, são executadas técnicas de purificação e limpeza de todo o organismo. Desse modo, torna-se possível alcançar o controle eficaz da mente e cuidar do espírito com técnicas de meditação e de relaxamento, que beneficiam o processo de homeostase do ser em todos os seus aspectos.

Agora que compreendemos o que é o Yoga, vamos entender sobre a meditação dentro da perspectiva dessa prática:

A maioria dos exercícios de meditação, ensinados em diversas tradições orientais e em diferentes linhas terapêuticas, são técnicas de concentração, e não a meditação propriamente dita, e podem, por isso, ser chamadas de *Dhāranā*.

> *Concentração [dhāranā] é a fixação de citta [mente] em um objeto.*
> (Patañjali, sūtra III: 1 apud Barbosa, 2015).

Segundo a filosofia do Yoga, *dhāranā* objetiva oferecer ao praticante uma estrutura física e mental firme para que ele possa suportar as transformações decorrentes do despertar da energia potencial: a *Kundalinī*. Meditar é estar no presente, desvinculando-se do passado e do futuro. Meditar é viver o agora. Na prática de *dhāranā*, estabelecemos um foco de meditação utilizando como ferramenta um objeto específico no qual devemos manter a nossa consciência.

É preciso compreender que a mente pode ser sua melhor amiga ou sua pior inimiga, dependendo de como ela é educada. E a melhor maneira de educar a mente é meditando. Controle sua mente para que não seja controlado por ela. A meditação permite que pensamentos intrusos (externos à meditação) passem tranquilamente por sua mente como se você estivesse assistindo a um filme numa tela; apenas observe, sem julgamentos, sem expectativas e deixe que esses pensamentos partam, retornando, então, passivamente ao estado meditativo de contemplação – o estado de observação do objeto no presente. O objetivo aqui é estabilizar a mente. Ou seja, é natural que a mente divague nesse processo, mas com leveza e gentileza você deve voltá-la para o seu objeto meditativo. "Gentileza gera gentileza". Então, tenha compaixão pelo seu processo, mesmo que precise ser gentil com aquilo que o incomoda e lhe é inconveniente. Quando pensamentos intrusos insistirem em lhe visitar, experimente cumprimentá-los à luz da compaixão, agradecer-lhes e despedir-se deles.

Após a experiência meditativa, sentimos uma profunda harmonia e um forte sentimento de acolhimento. A chave para chegar a esse estado é driblar as inconstâncias da mente e sempre trazer o seu foco de volta ao objeto de meditação. Esse objeto pode ser uma caminhada, um ponto de luz em algum chakra específico, um ambiente em meio à natureza ou a sua própria respiração. Não importa qual ferramenta você utilize, desde que sempre deixe passar os pensamentos indesejados e volte o foco para o seu objeto de meditação.

Muitas vezes, esse mergulho lhe trará uma falsa sensação de inércia, mas esteja atento à autossabotagem que pode ocorrer ao longo de seus processos. Para Einstein, assim como para o Yoga, essa aparente inércia é uma ação: "Penso 99 vezes e nada descubro. Deixo de pensar, mergulho em profundo silêncio, e eis que a verdade me é revelada" (Einstein, apud Rohden, 1984).

A meditação não é uma exclusividade do Yoga. Ela é ensinada por todas as antigas civilizações e culturas global, há milhares de anos, visando ao desenvolvimento pessoal, por isso existe uma diversidade tão grande de maneiras e técnicas para se meditar. Porém, temos de levar em consideração um importante esclarecimento: não se pode ensinar a meditação propriamente dita. É possível ensinar somente até o *dhāranā* (concentração), a partir dele, o praticante deve continuar seu próprio trabalho mental de forma individual, ou seja, o professor entrega a técnica e o aluno alcança ou não o estado meditativo; não será possível ao instrutor de meditação dimensionar quando (e se) seu aluno de fato mudou o seu padrão vibracional e consciencial, acessou o seu inconsciente e adentrou verdadeiramente na experiência meditativa. Trata-se de um caminho particular, que cada um deve trilhar por si mesmo. Meditação é um estado de consciência. E estados conscienciais não são ensinados, são vividos e experienciados em essência. O que se ensina são técnicas para alcançar esse estado. A meditação, no seu sentido real, recebe no sânscrito o nome de *Dhyānam*.

> *Meditação [Dhyānam] é a continuidade da cognição nesse único objeto.*
>
> (Patañjali, sūtra III: 2 apud Barbosa, 2015).

É difícil dimensionar e descrever *Dhyānam*, pois é preciso experienciar esse estado para verdadeiramente compreendê-lo. Meditar consiste em manter a continuidade da atenção sobre uma área específica da consciência. Ao fazê-lo, todas as nossas ideias de separatividade se dissolvem; nossa consciência limitada se expande e se une à consciência integral e suprema. Antigos sábios, e muitas escrituras, referiam-se a um estado de consciência característico conquistado ao se "viver", efetivamente, a experiência da meditação, ao qual atribuíram o nome de *samādhi*.

> Samādhi é perceber-se como a própria medida do objeto, esvazian-do-se de sua própria forma. Estes três passos reunidos [*dhāranā, dhyānam, samādhi*] são o *samyama* (meditação intensa).
>
> (Patañjali, sūtras III: 3 e III: 4 apud Barbosa, 2015)

Praticar meditação é integrar o microcosmo com o macrocosmo, compreendendo a infinita presença do divino vibrante em nós. Da prática contínua de *dhyānam*, conduzindo-nos à experiência de *samādhi*, um estado de iluminação interior e de expansão da consciência.

Pode-se traduzir *samādhi* como "consciência perfeita", "consciência completa" ou mesmo como "estado de iluminação". A diferença entre a meditação e o *samādhi* é que, na meditação, existe um fluxo de atenção ininterrupto em direção ao objeto de meditação. Já em *samādhi*, existe uma completa dissolução dessa dualidade entre o observador e o observado. *Samādhi* é um estado constante de união divina, no qual a separatividade e a individualidade se desconstroem pela fusão manifesta na unicidade com o Divino que está dentro de nós. Essa seria a meta suprema de toda experiência de meditação descrita pelas culturas orientais indianas. Portanto, *samādhi* é um estado de integração com o todo, e a sua vivência, por sua vez, nos direciona à *kayvalya* (independência) e à *moksha* (libertação).

A mente [*Manas*], por outro lado, é um simples órgão interno, que coordena os órgãos dos sentidos e das ações, e que tem por atributos o pensamento, as sensações, a memória, etc., porém, no estado de *Samādhi*, todos os conteúdos usuais da mente se dissolvem e a pessoa consegue contemplar seu Eu interno.

(Martins, 2017, p. 145)

Assim como um grão de sal lançado na água se mistura e se unifica com ela, da mesma forma ocorre com *Samādhi* quando a mente [*Manas*] e o Eu interno [*Ātman*] atingem a unidade.

(Svātmārāma, sūtra IV: 5 apud Martins, 2017.)

Segundo Svātmārāma, as *Upanishads* dizem que o *Ātman* é o núcleo mais interno do ser humano, o "Eu autêntico", idêntico à realidade do Absoluto, que é Deus (*Brahman*). Importante frisar que mesmo aqueles que não acreditam em Deus podem praticar Neuromeditação®, Reiki e Yoga, porque essa "divindade que habita em nós" pode ser compreendida como o aspecto mais divino que podemos expressar em nossa existência. Isso justifica o fato de muitos ateus ou agnósticos se identificarem com essas práticas. São filosofias prontas para acolher e respeitar, sem julgamentos, todas as crenças e formas de ver o mundo.

O sentimento de Deus na alma expande-se
na percepção de Deus em Sua onipresença
(*O samyama da yoga: dhāranā, dhyānam, samādhi*)
Paramahansa Yogananda (2010, pg. 107)

Recebo, diariamente, em meu consultório, pessoas que se dizem ateias, mas que na vida prática muitas vezes vivenciam muito mais a palavra de Deus do que aquelas que se dizem profundamente religiosas. O mais curioso diante desta situação é perceber que essas pessoas que dizem não acreditar em Deus, não acreditam, de fato, é na imagem de Deus culturalmente construída. A maioria dessas pessoas acredita numa força, numa energia que a tudo permeia. E então eu explico que elas podem chamar de Deus a essa energia e elas sorriem, com uma sensação de pertencimento nunca antes experimentada com tanta simplicidade. Na realidade, é tudo muito simples. E, muito mais importante do que acreditar num Deus, é viver Deus, viver a experiência do amor. Quando você abre o seu coração a essa experiência de amor, que é uma fonte de energia jorrando do Universo, o mundo se abre diante dos seus olhos. Passamos a ver verdadeiramente! Como dizia o "Pequeno Príncipe", enxergando aquilo que é essencial e muitas vezes invisível aos olhos físicos, mas que pode ser encontrado na profundidade da alma.

Segundo *Yogananda* (2010), o próprio mestre Jesus praticava a meditação e, inclusive, a ensinava aos seus discípulos. Em sua obra *A Yoga de Jesus*, o autor utiliza a seguinte frase do evangelho, em sua capa "Eis que o reino de Deus está dentro de nós" e ainda aprofunda seu raciocínio:

> Em ensinamentos que superficialmente parecem simples, Jesus aprofundou-se muito mais do que a maioria das pessoas compreende. O livro do Apocalipse comprova que ele ensinou o sistema completo de Yoga, o método científico de união com Deus – no mistério das sete estrelas, das sete igrejas com seus sete anjos e sete castiçais de ouro. A realização divina é alcançada quando se abrem os "sete selos" desses centros de percepção espiritual, conseguindo-se domínio sobre todos os poderes astrais da vida e da morte, por meio dos quais a alma ascende até a liberação.

> (Yogananda, 2010, pág. 107).

Ainda assim, atualmente, muitas pessoas que não acreditam em espiritualidade ou em dimensões energéticas têm se dedicado à experiência prática da meditação e usufruído de seus benefícios. Universidades e escolas em todo o mundo têm estudado e utilizado suas técnicas e vivenciado, ainda que racionalmente, seus benefícios práticos e experimentais.

Quando começamos a meditar com mais frequência, é bastante provável que experimentemos desconforto físico, inquietação, ansiedade, sonolência, dispersão da mente, medo, impaciência, tédio, autossabotagem (desenvolvendo a crença limitante de que meditação não é para a gente) e uma série de outros problemas. Esses processos são armadilhas psíquicas inconscientes da nossa mente. Mas por que ela faz isso? Porque, no fundo, vivemos nos defendendo e nos esquivando de tudo aquilo que pode nos gerar dor interna. E quando começamos a jornada para dentro de nós, muitas vezes precisamos entrar em contato com essas dores para, então, transformá-las. É como se estivéssemos fazendo uma higienização mental. Muitas vezes, antes de deixar tudo limpo, precisamos lidar com a sujeira do ambiente. Mas, com regularidade, logo os benefícios começam a surgir: desaceleramos os pensamentos repetitivos e desgastantes, atingindo, assim, maior equilíbrio emocional, e então, aprendemos a desenvolver a postura de observador exercitada na meditação, também em nosso cotidiano. Mesmo as coisas que pensamos serem negativas podem ser observadas com maior imparcialidade. As cobranças e falatórios internos estarão diminuindo, e o silêncio não irá mais incomodar.

Aprendemos, portanto, a importância de silenciar e de desenvolver maior discernimento sobre o momento certo de se expressar. A percepção corporal e a consciência física se ampliam, bem como a consciência da respiração. Passamos a não mais nos apegar às imagens mentais e àquilo que as emoções insistem em transformar em realidade, desenvolvendo maior neutralidade diante dos acontecimentos da vida e reagindo menos e melhor aos acontecimentos adversos.

A consciência de si próprio também se modifica. Com a meditação, passamos não apenas a distinguir entre objeto e observador, mas também a desenvolver empatia e compaixão para com os objetos externos, as pessoas e os relacionamentos. Entende-se que não há uma ideia rígida de como se deve ser, e que não precisamos seguir padrões impostos socialmente. Podemos exercitar a liberdade do espírito, a liberdade de ser quem verdadeiramente somos em essência, com autoaceitação e também com aceitação da realidade do outro e dos acontecimentos externos que, anteriormente, insistíamos em tentar controlar. Pelo contrário, não devemos ser controlados, a felicidade não deve depender de nada externo.

A meditação estimula também que observemos as mudanças em nossas faculdades de atenção, aprendendo a focalizá-la e estabilizá-la mais. As culturas orientais exemplificam que a nossa mente muitas vezes funciona como se fosse um macaco louco, movimentando-se distraidamente, com um comportamento imprevisível e imaturo que necessita ser adestrado, conforme Demarzo e Garcia-Campayo (2015) elucidam:

> Na Ásia, o processo é descrito da seguinte forma: deve-se prender o macaco em uma estaca e fincá-la firmemente no solo. No começo, o macaco gritará, ficará agitado e revoltado, querendo se soltar [...] com o passar do tempo, o macaco verá que é impossível escapar e, pouco a pouco, lutará menos e se manterá perto da estaca. Posteriormente, mesmo se estiver solto, não tentará fugir. O processo de meditação é idêntico. O que se pretende é adestrar a mente com a corda da atenção, que está unida a uma estaca bem presa ao chão (que representa a ancoragem das técnicas de meditação). No início, o macaco se rebela (a mente vai gerar cada vez mais pensamentos e mal-estar), porém, ao longo do tempo em que a prática é sustentada, a mente vai se acalmando e pode, afinal, soltar-se da corda [...]
>
> (Demarzo; Garcia-Campayo, 2015, p. 66)

Crenças limitantes que envolvem o processo meditativo: Por que é "tão difícil" meditar?

Apesar de toda a evolução científica que envolve os processos meditativos, algo tão "simples" como se sentar e "olhar para dentro" pode gerar ansiedade, tédio ou desprezo em muitas pessoas.

Sem dúvida, eu digo, a meditação é desafiadora. Meditar é um convite para olhar para dentro, e isso nem sempre é fácil, principalmente se você enfrenta um momento difícil em sua vida pessoal, o que justifica o comportamento de esquiva e fuga de muitas pessoas. Justamente por essa razão eu sempre digo: meditar é um ato de coragem! O processo de autoconhecimento exige disposição para enfrentar as trevas interiores e transformá-las em luz! Deparamo-nos recorrentemente com as crenças limitantes mencionadas abaixo. Vamos desmitificá-las?

Sou muito ocupada. Não tenho tempo para isso.

Podemos afirmar que apenas 10 minutos de meditação por dia já impactam imensamente a saúde física e mental de seus praticantes, mesmo a dos iniciantes.

Estudos demonstram também que quando meditamos, tornamo-nos mais focados, dispostos e producentes em nossas outras tarefas do dia, ou seja, na verdade, você ganha tempo.

Além disso, a correria do dia a dia tem estimulado o adoecimento populacional e se você medita, está trabalhando de forma preventiva com o seu cérebro, evitando a manifestação dos males do século, como a ansiedade, o estresse e a depressão.

Acho muito desconfortável ficar sentado e sem fazer nada por muito tempo.

Você pode meditar sentado, em pé, em uma cadeira ou mesmo, deitado. Portanto, caso tenha alguma restrição física, isso não precisa ser um empecilho. Além disso, meditar não significa que você não está "fazendo nada", pelo contrário, está fazendo muito, principalmente cuidando integralmente do seu Ser, no nível físico, mental, emocional, espiritual e energético.

Para que vou meditar? Que trem mais bicho grilo, tilelê!

Engano seu! A meditação hoje em dia é praticada por todas as tribos, logo, caso não se identifique com o estilo *tilelê* de ser, saiba que a meditação tem sido aderida por todas as grandes Universidades em todo o mundo, estando fortemente relacionada com a produtividade e saúde de forma integral. Da mesma maneira que você treina o seu corpo em uma academia de ginástica, é preciso treinar e entregar bons alimentos para sua mente, e você pode fazer isso meditando, estimulando a liberação de hormônios de prazer e diminuindo os hormônios de estresse!

Enfim, meditação é para pessoas que querem ser mais saudáveis e mais felizes em suas vidas! Você quer isso? Então a meditação é para você!

A minha mente não vai parar de pensar; eu não consigo relaxar.

"Eu não consigo esvaziar a minha mente e ficar sem pensar em nada!" Pois bem, tenho algo muito importante para lhe dizer sobre isso: tentar impedir a sua mente de pensar é como tentar parar as ondas do mar, ou seja, é impossível! A natureza da mente é ser pensante! O que precisamos aprender a fazer é estabilizar os pensamentos e focalizá-los, e isso você vai aprender gradualmente. Entretanto, mesmo antes desse "aprendizado" o mais legal é que é impossível errar na meditação! Meditação "errada" é meditação não praticada, sendo assim, mesmo que no início dos seus treinamentos a sua mente fique "divagando por aí", pensando sem parar, isso é natural. Tudo o que precisa fazer é encontrar a maneira que funciona para você (mesmo que seja de cabeça para baixo) e mantê-la. Seja amigo de sua mente e ajude-a para que ela possa lhe ajudar!

Não tenho dinheiro para gastar com isso.

Se você não investir em sua saúde, prepare-se para gastar com doença. Cuidar da sua saúde mental não é um gasto, é um investimento, podendo inclusive lhe poupar financeiramente, minimizando seus possíveis e futuros gastos com adoecimentos. Além do que, mesmo que você realmente não tenha condições de investir em um professor para começar (que é bastante importante), hoje em dia temos diversos aplicativos gratuitos para a prática, além de diversos canais no Youtube, vídeos no Facebook, no Instagram, ou seja, recursos é que não faltam!

Não tenho um ambiente propício para a prática.

É possível viver a paz em meio ao caos. Realmente seria muito mais fácil nos isolarmos em uma caverna nos Himalaias para encontrar a paz, mas fato é que, todos nós temos de lidar com o ritmo frenético do mundo que nos rodeia. Repito, a tranquilidade que você está procurando está do lado de dentro, e não do lado de fora. A experiência da introspecção meditativa é cumulativa: quanto mais você se sentar quietamente, mais a mente se tornará silenciosa e alegre, mesmo com qualquer distração que possa haver.

Meditação é budista, hinduísta ou religiosa.

A meditação pode ou não ter vínculos com a religiosidade, mas o mais importante é que: ELA NÃO PRECISA TER! Apesar de ser amplamente utilizada em tradições espirituais do oriente, você pode optar por praticar sem precisar *acreditar/estar* inserido nesse contexto especificamente. Pratique a meditação pelos benefícios que ela pode proporcionar! Existem diversas técnicas de meditação que não são vinculadas a nenhuma religião específica como, por exemplo, a Neuromeditação®, e também diversas formas diferentes de se praticar o método.

Tenha sempre em vista que, religiosidade é diferente de espiritualidade!

Dica Essencial: a meditação é para todos, mas não é para qualquer um! É necessário coragem e disposição para enfrentar as suas trevas e transformá-las em luz! Seja mais forte que a sua maior desculpa! Seja corajoso e medite! Seja a sua essência, ESSENCIAL'MENTE!

Essencial´mente importante na prática da Neuromeditação®

O local

Sabemos que o mundo não é exatamente da forma que esperávamos que fosse. Provavelmente, a grande maioria das pessoas que está lendo este livro agora precisa justamente de uma ferramenta para acessar a paz em meio ao caos, pois esta é a nossa maior dificuldade hoje em dia, em meio à loucura da globalização. Logicamente, o local mais propício para se respirar e meditar seria em meio à natureza, com ar puro, pouca poluição e livre de barulho e agitação. Esse é o grande desafio, conseguir encontrar o equilíbrio em meio ao caos, problemas de trânsito, poluição sonora, visual e residual, à violência e aos conflitos emocionais de cada dia. Como dito anteriormente, simples seria se todos pudessem se isolar nas montanhas dos Himalaias para encontrar a paz, mas sua missão é encontrar o paraíso aqui e agora, com gratidão por tudo e por todos. Os exercícios deste livro foram selecionados de modo a lhe dar a oportunidade de realizá-los a qualquer hora, em qualquer lugar.

Lembre-se de que somos células de um mesmo Planeta. Sua casa está em qualquer lugar! Seja luz e ilumine! Se possível, ao realizar seus exercícios de Neuromeditação, coloque-se em um quarto silencioso, onde não seja incomodado. Mas lembre-se sempre de que você pode realizá-los no trabalho, no ônibus, na academia, na faculdade, no consultório médico ou na "porta" de entrada para aquele problema que tanto angustia você.

O som

Somos seres altamente musicais: experimente o silêncio para ouvir seus próprios sons internos ou opte por mantras e músicas com sons de natureza que propiciam o efeito calmante de lhe trazer de volta a sua própria natureza.

A postura

A postura corporal reflete a maneira como enfrentamos a vida e lidamos com nosso corpo. Contudo, também reflete o estado emocional e até a personalidade das pessoas. Sentar-se de maneira correta pode parecer, a princípio, um pouco difícil, mas com dedicação, prática e disciplina, você descobre que o certo é mais fácil e acessível do que o errado. Não se inspire no socialmente aprendido; inspire-se no que faz bem e adote boas posturas perante a vida, em todos os sentidos. Eduque sua mente e sua coluna vertebral para isso. Ter uma postura errada cansa e compromete muito mais os músculos do corpo. Má postura pode desencadear problemas de saúde, hiperlordose lombar, comprometimento cervical, hipercifose (postura corcunda) e escoliose. Mantenha sua coluna alinhada, o peito aberto, com os ombros posicionados para trás e para baixo, o queixo erguido e os ossos da base da sua coluna firmes no chão ou na cadeira.

A postura mais utilizada para meditação e respiração é o *dhyānāsana* de sua preferência. *Dhyānāsanas* são posturas sentadas no chão com a coluna ereta e as pernas cruzadas, elas serão melhor exemplificadas e ilustradas mais à frente. Caso ainda não consiga se sentir confortável sentado diretamente no chão, você pode utilizar uma almofadinha ou se sentar em uma cadeira. O importante é que esteja confortável, pois o desconforto pode prejudicar ainda mais seu foco na hora de meditar. Respeite o tempo de seu corpo.

Você perceberá que, além das posturas sentadas, a Neuromeditação pode ser realizada também em pé, caminhando e em outras posições corporais, variando de acordo com a técnica adotada.

O aroma

Ao contrário do que muitos pensam, incensos não são nem um pouco adequados para se inalar. Alguns estudos já demonstram que eles podem ser tão tóxicos quanto os cigarros. Portanto, opte por aromas e óleos essenciais naturais, que além de relaxarem e serem extremamente agradáveis, ainda são terapêuticos.

Pesquisas científicas sobre meditação

Pesquisadores da atualidade têm descrito a meditação sob duas perspectivas: uma mais relacionada a processos cognitivos e autorregulação da atenção, e outra a processos espirituais, energéticos e a uma postura interior de abertura e receptividade para as experiências do momento presente.

Dentro dessas duas abordagens, a prática pode tanto ser um reflexo de um contexto espiritual, por meio do qual são cultivados os ensinamentos transmitidos por preceitos filosóficos, quanto pode ser uma atividade inserida no âmbito da saúde, na condição de método capaz de produzir benefícios diversos, especialmente no que diz respeito a promover saúde física e mental. Parece prudente inferir que uma não necessita excluir a outra, tampouco que uma necessariamente não precisa da outra, entretanto, sem dúvidas, elas podem se complementar, e é justamente essa integração de abordagens que realizamos no método da Neuromeditação®.

A técnica da meditação em si é capaz de gerar uma série de respostas físicas e psicológicas que podem auxiliar na prevenção de inúmeras condições, especialmente aquelas resultantes dos efeitos deletérios do estresse, no manejo de problemas de saúde já estabelecidos, assim como na promoção de saúde mental. Dessa forma, a meditação é uma atividade que pode ser utilizada em um contexto terapêutico, desde que as condições e as peculiaridades da situação que está sendo tratada sejam respeitadas. Levando sempre em consideração também que, apesar de ser uma ferramenta terapêutica, a meditação não substitui tratamentos médicos ou psicológicos.

Um estudo revelou que as pessoas que utilizaram a meditação com abordagem espiritual tiveram maior redução da ansiedade, relatos de aumento de afetos positivos e maior tolerância à dor em comparação com outro grupo que utilizou a meditação estritamente técnica. (Menezes, Dell'aglio, 2009)

Segundo a perspectiva do budismo, a prática disciplinada e constante da meditação pode proporcionar uma ressignificação acerca do próprio eu, do outro, do mundo, da sociedade e da natureza. (Hirayama, 2014)

> Ora, a meditação deve ser ela mesma plural não somente para se afinar à multiplicidade de universos no universo – pois isso seria limitá-la a reencontrar sempre um só, único e último termo, enquanto que este (primeiro ou último, é a mesma coisa) vale apenas para formar o foco da disseminação, que não dissipa uma única semente, mas muito mais a infinidade de sementes das quais a dispersão é a regra, o princípio, e por fim, a forma verdadeira.
>
> A meditação é plural porque seu porte singular não é outra coisa senão a própria disseminação, na medida em que ela se encontra, reconhece-se e se aprova. [...] A contemplação nos reconduz à meditação da qual a princípio ela era o resultado. [...] Não é por isso que se trate de se fundir no objeto para dele não mais se distinguir, tornando-se assim, incapaz de apresentar aquilo que, no entanto, da coisa mesma e do movimento que a ela se reúne, exige ser dito.
>
> (Nancy, 2013, p. 304)

Com a meditação, as pessoas se tornam presentes e conscientes dos seus aspectos físicos e emocionais, conquistando melhor compreensão da verdadeira natureza das coisas e dos fatos. As técnicas meditativas tem despertado imenso interesse na comunidade científica devido à identificação dos mecanismos cerebrais e da sua efetividade no que tange à saúde mental, por meio de estudos em que ficou demonstrado que a experiência da meditação está interligada com a utilização de diferentes redes neuronais, além de mudanças já constatadas na estrutura e na função cerebral, inclusive, numa maior concentração de substância cinzenta nas estruturas do hipocampo, ínsula anterior direita, córtex orbito frontal e uma maior participação do córtex cingulado anterior. A evidência incentiva a inclusão da meditação de atenção plena na terapia psicológica, desenvolvendo múltiplas aplicações e pesquisas que apontam a sua efetividade em tratamentos afetivos, em crises de ansiedade, no tratamento de habilidades sociais, criatividade verbal, estresse nas famílias e nos cuidadores de pacientes com demência, dentre outros. (Sarmiento-Bolanos; Gomez-Acosta, 2013).

No artigo científico "Meditação breve e a interação entre interferência emocional e ansiedade" (2016) foram avaliados os efeitos de cinco dias de meditação focada na relação entre interferência emocional e ansiedade. Os resultados sugerem que a meditação pode ajudar a modular o efeito da ansiedade e que, mesmo um treino breve, pode facilitar processos autorregulatórios. Os presentes achados sustentam a ideia de que treinamentos de curto prazo podem produzir benefícios psicológicos desde o primeiro estágio da prática, realizado por iniciantes. Menezes (2016) menciona ainda:

> O aumento da pesquisa sobre meditação sentada e silenciosa tem sido geralmente acompanhada de resultados psicológicos positivos, como sintomas reduzidos de angústia e de ansiedade, bem-estar e habilidades regulatórias aprimoradas (Chiesa, Serretti e Jakobsen, 2013; Lutz, Dunne e Davidson, 2007). [...]

> Por exemplo, um estudo que treinou pessoas para quatro dias usando uma prática de meditação focada por 20 minutos, diariamente – comparado a um grupo que treinou a atenção ouvindo um livro de áudio – encontrou melhorias significativas na atenção dos meditadores (Zeidan, Johnson, Diamond, David e Goolkasian, 2010a).

> Portanto, a prática formal da meditação parece explicar para melhorias atencionais e, principalmente, evidências também se estendem ao domínio emocional. Depois de assistir a estas intervenções, os participantes melhoraram significativamente os autorrelatos de humor, ansiedade de estado e diminuição do desejo por cigarros (Tang et al., 2007; Tang, Tang e Posner, 2013; Zeidan et al., 2010a; Zeidan, Johnson, Gordon e Goolkasian, 2010b).

> Além do mais, após uma indução experimental de estresse (Tang et al., 2007), e dor (Liu, Wang, Chang, Chen e Si, 2013), indivíduos que haviam realizado um breve treinamento de meditação eram melhores na redução dos níveis de cortisol que aumentaram com o estresse

situação e na melhoria da tolerância e angústia durante a experiência da dor, respectivamente. Além disso, quantidade semelhante de prática – 20 minutos por 7 dias – ajudou os participantes a diminuir avaliação de imagens valenciadas negativas, que foram acompanhadas de atividades reduzidas na amígdala esquerda (Taylor et al., 2011).

(Menezes, 2016, p. 1)

Para além dos estudos acima apresentados, já podemos verificar na literatura, pesquisas que comprovam a efetividade da meditação em patologias severas como a esclerose lateral amiotrófica (ELA) e o câncer de mama.

Tratando-se inicialmente de Esclerose Lateral Amiotrófica, seu diagnóstico gera extremos impactos na vida dos doentes e de seus cuidadores. A ELA é uma doença crônica neurodegenerativa, até o momento, irreversível, que afeta os neurônios motores, levando a uma progressiva atrofia e enfraquecimento muscular – ainda que a lucidez se mantenha. Segundo os autores Guilherme e Pimenta (2018), quatro estudos avaliaram o impacto da meditação do *mindfulness* nesse público, sendo que os benefícios mais frequentes identificados foram a melhoria da qualidade de vida e a diminuição da ansiedade e da depressão. Segundo os autores:

A influência na progressão da doença não foi unânime entre estudos. [...] Os resultados foram surpreendentes, pois os doentes com maior frequência na prática de *mindfulness* registaram menor progresso da doença em quatro meses, bem como maior qualidade de vida e menores níveis de ansiedade e de depressão. Este estudo levantou questões para a esperança média de vida nos participantes com ELA.

Demonstrou-se, também, como o *mindfulness* pode ser um fator de proteção para doentes e cuidadores ao registarem menores níveis de exaustão (burden), ansiedade, depressão e maiores níveis de qualidade de vida (Pagnini et al., 2016). Interessante é ainda notar, que o bem-estar de um doente ELA está muito relacionado com a qualidade de vida do seu cuidador (Pagnini et al., 2011), podendo haver um benefício bidirecional: "uma melhoria na condição do doente pode reduzir a exaustão do cuidador e, por sua vez, melhorar o bem-estar do doente" (Pagnini et al., 2014, p. 273).

(Guilherme, Pimenta, 2018, p. 57).

Quanto ao câncer de mama, os estudos demonstraram que a prática da meditação aumentou a capacidade de concentração e de atenção, sendo extremamente eficaz para pessoas com a patologia. O resultado se demonstrou satisfatório e revelou desfecho positivo da fadiga e dos sintomas acometidos, sugerindo que a técnica se apresenta como alternativa promissora para tratamento dessa doença. (Castanhel, Liberali, 2018)

Segundo Menezes e Dell'aglio (2009), a meditação, descrita como uma autorregulação do corpo e da mente, pode ser definida como uma prática que engloba um conjunto de técnicas que buscam treinar a focalização da atenção e da consciência e, por essa razão, pode ser chamada de processo autorregulatório dos processos atencionais. Além disso, a meditação pode ser descrita como uma técnica que atinge objetivos similares a algumas ferramentas da psicoterapia cognitiva, embora por meios diferentes. Ambas estimulam a estabilização emocional, o contato com o seu próprio eu, a diminuição do pensamento repetitivo e à reorientação cognitiva, desenvolvendo habilidades para lidar com pensamentos e sentimentos. Entretanto, os autores esclarecem:

A diferença, contudo, é que, na prática da meditação, os conteúdos que emergem à consciência não devem ser confrontados ou elaborados intencionalmente, apenas observados, de forma que a prática se transforme em um aprendizado de como não deixar se influenciar pelos mesmos e compreendê-los como fluxos mentais (Bishop et al., 2004; Miller, Fletcher, & Kabat-Zinn, 1995; Vandenbergue & Sousa, 2006).

A meditação é uma prática muito antiga, com origem nas tradições orientais, estando especialmente relacionada às filosofias do yoga e do budismo (Levine, 2000). Contudo, esse termo também é utilizado para designar algumas práticas cultivadas por certas religiões, como o cristianismo, o judaísmo, o islamismo, o taoísmo e o xamanismo, entre outras, através do deslocamento da consciência do mundo externo para o interno (Naranjo, 2005). Enquanto no Oriente meditar é sinônimo de busca espiritual, no Ocidente, em especial nas pesquisas científicas, a palavra meditação tem sido utilizada para descrever práticas autorregulatórias do corpo e da mente. A investigação científica da meditação parte da premissa que, embora existam diversas técnicas, todas têm uma característica fundamental comum: o controle da atenção (Cahn & Polich, 2006; Goleman, 1988).

(Menezes, Dell'aglio, 2009, p. 278)

Os primeiros estudos sobre meditação estiveram voltados para explicar os mecanismos envolvidos nessa prática e suas repercussões na saúde mental e física do praticante. Mediante minuciosas investigações, foi identificado uma série de padrões de reações manifestados como respostas psicofisiológicas ou neurofisiológicas a partir da prática meditativa, pois refletem mudanças no sistema nervoso central e autônomo, que a caracterizam como um estado de consciência particular, diferente dos tradicionalmente conhecidos, como vigília, sono e sonho. Segundo os autores Menezes e Dell'aglio (2009), as alterações do sistema nervoso autônomo, dentre diversas outras, incluem ainda:

[...] redução do consumo de oxigênio, da eliminação de gás carbônico e da taxa respiratória, o que indica uma diminuição da taxa do metabolismo. Além disso, a meditação também está associada a um aumento da resistência da pele e a uma redução do lactato plasmático, cuja alta concentração é associada a altos níveis de ansiedade (Dillbeck & Orme-Johnson, 1987; Travis & Wallace, 1999; Wallace, 1970; Wallace & Benson, 1972; Wallace, Benson, & Wilson, 1971). Com respeito à frequência cardíaca, alguns estudos não observaram diferença (Dillbeck & Orme- Johnson, 1987; Travis & Wallace, 1999), enquanto outros verificaram uma diminuição significativa (Maura et al., 2006; Wallace, 1970; Wallace & Benson, 1972; Wallace et al., 1971). Embora já tenha sido discutido que os resultados sobre os efeitos da meditação não são conclusivos (Canter, 2003; Holmes, 1984), na literatura há um crescente número de pesquisas corroborando os correlatos fisiológicos dessa prática (MacLean et al., 1997; Goleman & Schwartz, 1976; Takahashi et al., 2005; Travis & Wallace, 1999).

Em geral, a observação dessas reações levou à conclusão de que através da meditação é possível atingir um estado de hipometabolismo basal, ao mesmo tempo em que a mente se mantém alerta e que aquele que medita desenvolve, portanto, a capacidade de controlar determinadas funções fisiológicas involuntárias (Wallace et al., 1971). É com base nessa ideia, ou seja, na capacidade de obter algum grau de controle sobre processos psicobiológicos autonômicos, que a meditação pode ser considerada uma técnica eficaz de *biofeedback*, constituindo uma das técnicas mais antigas de autorregulação (Cahn & Polich, 2006; Davidson & Goleman, 1977).

Além das mudanças autonômicas, desde a década de 1970, também ganhou destaque a investigação dos efeitos cerebrais da meditação, sob a premissa de que estados mentais podem alterar as funções fisiológicas (Wallace et al., 1971). Foi verificado, então, que algumas características tradicionalmente associadas à meditação, como baixa ansiedade e afetos positivos, poderiam ser explicadas por mudanças da atividade neuroelétrica. Através do Exame de Eletroencefalograma (EEG), aumento da produção de ondas alfa nas regiões frontais e, em menor quantidade, de ondas teta, foi observado tanto em iniciantes quanto avançados (Aftanas & Golocheikine, 2001; Hankey, 2006; Takahashi et al., 2005; Wallace & Benson, 1972), sendo a observação de ondas teta mais comum em meditadores com maior experiência (Cahn & Polich, 2006). Atualmente, sabe-se que, além dessas mudanças funcionais, a meditação também pode produzir mudanças estruturais, atuando sobre a plasticidade cerebral. Uma pesquisa que comparou a espessura do córtex de meditadores experientes com um grupo-controle encontrou uma diferença significativa nas regiões relacionadas à sustentação da atenção, onde a espessura era maior nos praticantes experientes (Lazar et al., 2005).

Esse estudo corrobora a ideia de que a regularidade e a continuidade da prática influenciam a intensidade das respostas e que, portanto, a meditação pode produzir mudanças duradouras. Várias pesquisas observaram que, mesmo em situações basais, os meditadores mais experientes produziam respostas significativamente diferentes daquelas medidas em controles (Cahn & Polich, 2006; Dillbeck & Orme-Johnson, 1987; Easterlin & Cardeña, 1998; Goleman & Schwartz, 1976; Lutz, Greischar, Rawlings, Ricard, & Davidson, 2004).

A atenção é uma das funções cognitivas que parece estar particularmente envolvida nas mudanças que a prática meditativa pode gerar. Já na década de 1970, foi demonstrado, através de alguns testes neuropsicológicos, que, quanto maior o tempo de prática de meditação, maior a capacidade de absorção atencional, estando esta associada à diminuição da ansiedade (Davidson, Goleman, & Schwartz, 1976). Pesquisas mais recentes têm confirmado essa ideia através de medidas cognitivas e neurais. Por meio do exame de tomografia computadorizada por emissão de fóton único (SPECT) (Newberg et al., 2001) e por medição de ondas gama (Lutz et al., 2004), esses dois estudos verificaram que meditadores budistas experientes tinham respostas cerebrais que indicavam um poder significativamente maior de concentração em comparação com o grupo-controle.

Dois estudos que investigaram praticantes da meditação concentrativa também observaram diferenças significativas na habilidade atencional (Brefczynski-Lewis et al., 2007; Carter et al., 2005). Além disso, o estudo de Brefczynski-Lewis et al. corroborou uma das ideias centrais da meditação concentrativa, a de que, quanto maior o tempo de prática, menor o esforço exigido para manter maior foco.

(Menezes, Dell'aglio, 2009, pg. 280)

Práticas holísticas e integrativas de saúde

Para o psiquiatra Ajai Singh (2010), a medicina moderna deve corrigir seu rumo de uma prática que busca o alívio da doença, para uma que busque a cura e a prevenção. O autor enfatiza que existe atualmente certa insatisfação com a medicina medicamentosa que, voltada para a estabilização, deixa de fazer pesquisas que visem à prevenção e à cura. Influenciados pela cultura ocidental e pelo modelo biomédico de saúde, a maioria das formações dos profissionais de saúde, inclusive dos psicólogos, segmenta e distancia as práticas do corpo e da mente. Segundo Queiroz (1986), a epistemologia adotada em grande parte dos hospitais e também reconhecida na comunidade popular é a de caráter ocidental, que tem como base teórica o Positivismo. Essa medicina considera as doenças e os fenômenos que se manifestam no corpo humano como um objeto passível de ser estudado de forma isolada. Isso, certamente, trouxe inúmeras colaborações para a ciência, mas tal realidade positivista é frequentemente questionada quanto à sua eficácia na cura efetiva dos problemas, por tratar a doença como objeto e estudá-la no âmbito laboratorial, não considerando os fatores ambientais, sociais e econômicos. Para que as pessoas pudessem suportar o sistema capitalista, a medicina ocidental racionalizou o objeto a tal ponto que, em vez de lidar com as causas verdadeiras da doença, oferece uma cura temporária ou o alívio dos sintomas com a indicação de medicamentos que os amenizem.

Sousa e Vieira (2005) explicam que a medicina oriental visa à prevenção de doenças e à manutenção da saúde por meio de práticas que consideram o ser humano como um ser em movimento, um ser dinâmico, que pode ter inúmeras razões para que as energias se desequilibrem e se manifestem em forma de doenças. Segundo elas, as práticas da medicina oriental, muitas vezes chamadas de alternativas, têm características menos intervencionistas na medida em que, em vez de apenas retirarem os sintomas, buscam também a compreensão das causas e um envolvimento do indivíduo em seu processo de cura e autoconhecimento. A ênfase é dada ao doente, não à doença. As autoras concluem, ainda, que a medicina oriental tem a possibilidade de acolher a singularidade de seus pacientes, e do próprio profissional, por acreditar que o paciente é um ser humano dotado de consciência e valores. E também salientam que essas práticas de saúde exercem importante papel político, na medida em que defendem os saberes deslegitimados pelo modelo de saúde tradicional.

Embora as duas medicinas – a ocidental e a oriental – busquem a cura do ser humano, elas têm conceitos diferentes de doença e formas diferentes de lidar com ela: uma se destaca por seu caráter mais imediatista, objetivo e rápido; a outra por não apenas tratar, mas também prevenir doenças, de forma integrativa e holística, observando o indivíduo em sua totalidade.

Segundo Silva e Sousa (2011), as transformações ocorridas na estrutura econômica, a partir das décadas de 1950 e 1960, impulsionadas pela industrialização, geraram alterações nas esferas sociais, política, demográfica e epidemiológica. As cidades cresceram, ampliando seus espaços periféricos, mas sem satisfazer as necessidades básicas de seus habitantes. Verificaram-se mudanças nas relações sociais e de trabalho (cargo, ritmo, carga horária e outros), no estilo de vida (tabagismo, consumo de álcool, comportamento sexual, atividade física, locomoção, tempo dedicado ao lazer, medicalização) e nas condições de vida (alimentação, educação, habitação, saneamento, destino do lixo, acesso à água, bens e serviços, entre outros). Simultaneamente, a população ficou exposta a diversos riscos, como acidentes de trabalho, estresse, ansiedade, transtornos de ordem emocional, doenças psicossomáticas, etc.

O enfrentamento desses problemas pela população e pelos serviços de saúde implicou, na maioria dos casos, ao aumento do uso diário de medicamentos caros, muitas vezes indutores de efeitos colaterais e de abordagens focadas em um modelo biomédico imediatista.

Com a proposta de um novo olhar sobre a medicina feita por Singh, na qual a medicina moderna precisa corrigir seu rumo, substituindo o enfoque no controle e na paliação (alívio de sintomas) da doença pelo da cura e da prevenção, levando em conta que a ênfase em tratamentos paliativos e imediatistas, identificados como "controle", é, segundo o autor, uma manifestação de "Tanatos"; a medicina, portanto, deveria buscar "tornar-se a mais gloriosa manifestação de um 'Eros', que previne e cura doenças". A visão valorizada pelo pesquisador possui uma abordagem holística, transdisciplinar e integrativa, abordagem esta que, apesar de ainda enfrentar muita resistência e preconceito, vem se consolidando e ganhando cada dia mais reconhecimento por parte da comunidade científica e, também, grande adesão por parte da população, sendo incorporada hoje até mesmo pelo nosso Sistema Único de Saúde.

Para Roquette et al. (2012), a transdisciplinaridade não constitui uma nova religião ou filosofia, nem mesmo uma nova metafísica ou ciência: ela preconiza o reconhecimento da existência de diferentes níveis de realidade, regidos por lógicas diferentes. Os diferentes níveis de realidade compartilhados pela elite intelectual europeia no século 13, baseavam-se na ideia do ser humano constituído de corpo, alma e espírito, integrado aos níveis do cosmo. No final desse século, ocorreu uma ruptura epistemológica: esses níveis de realidade foram descartados e o ser humano, reduzido às suas funções corporais, passou a ser visto como uma máquina. As epistemologias racionalistas e empiristas fragmentaram cada vez mais o saber e fomentaram o surgimento de um número cada vez maior de disciplinas. Na contemporaneidade, não se pode levar em conta essa visão reducionista e fragmentada, pois a realidade deve resistir, permitindo sobressair conhecimentos, experiências, representações, descrições, imagens e formalizações matemáticas do indivíduo de forma integral.

Com a criação e aprovação da Política Nacional de Práticas Integrativas e Complementares no SUS – PNPIC-SUS pelo Ministério da Saúde, algumas práticas baseadas em uma visão holística do sujeito passaram a ser oferecidas aos usuários daquele sistema, com o intuito de que contribuíssem com a promoção, a prevenção e a reabilitação da saúde: Medicina Tradicional Chinesa/Acupuntura, Homeopatia, Plantas Medicinais e Fitoterapia, Termalismo Social/Crenoterapia (Brasil, 2006). A lei, além de documentar as propostas que as PNPIC disponibilizam dentro do SUS, também dispõe sobre as responsabilidades de cada profissional que trabalha com essas práticas holísticas, considerando conclusões provenientes de conferências e acordos feitos por grupos do Ministério da Saúde, especializados em elaborar sobre Medicina Natural e as Práticas complementares (Brasil, 2006).

> As PIC's são definidas por Barros e Tesser (2008) como um grupo de sistemas médicos e terapêuticos de cuidado à saúde, práticas e produtos que não são presentemente considerados parte da biomedicina e são orientadas pelos seguintes princípios: escuta acolhedora, desenvolvimento do vínculo terapêutico, integração do ser humano com o ambiente e a sociedade, visão ampliada do processo saúde-doença, promoção global do cuidado humano, entre outros. Essas modalidades terapêuticas têm se destacado por incitar ações de promoção e mudanças em hábitos de vida, ao mesmo tempo em que estimula a participação ativa da pessoa frente à sua doença. Um os principais fatores de transformação dessas práticas é a inversão do paradigma da doença para o da saúde, uma menor dependência dos profissionais e dos remédios, bem como a autonomia em busca pelo cuidado (Luz, 2003).

> Nessa direção, a Política Nacional de Práticas Integrativas e Complementares [PNPIC] pretende atuar nas esferas da prevenção de agravos e da promoção, manutenção e recuperação da saúde, baseada num modelo de atenção humanizada e centrada na integralidade do indivíduo como proposta de fortalecimento dos princípios fundamentais do

SUS, além de contribuir com o aumento da resolubilidade do sistema com qualidade, eficácia, eficiência, segurança, sustentabilidade, controle e participação social. Para tanto, propõe-se a conhecer, apoiar, incorporar e implementar experiências que são desenvolvidas no sistema público de saúde.

(Nascimento, Oliveira, 2016, p. 273)

Com a Portaria 849/2017, o Ministério da Saúde incluiu oficialmente na PNPIC-SUS a Meditação, o Reiki, o Yoga, bem como outras intervenções terapêuticas como: Arteterapia, *Ayurveda*, Biodança, Dança Circular, Musicoterapia, Naturopatia, Osteopatia, Quiropraxia, Reflexoterapia, Shantala e Terapia Comunitária Integrativa (Brasil, 2017).

Mais recentemente ainda, em 12 de março de 2018, durante a realização do 1º Congresso Internacional de Práticas Integrativas e Complementares – o Ministro da Saúde anunciou a incorporação de mais algumas práticas no SUS, são elas: Apiterapia, Aromaterapia, Bioenergética, Constelação Familiar, Cromoterapia, Geoterapia, Hipnoterapia, Imposição de Mãos, Ozonioterapia e Terapia de Florais.

Referindo-se à inclusão de práticas pela Portaria nº 671/2006, Barros, Siegel e Simoni (2007) observam que esse pluralismo de ofertas visa defender a igualdade de direitos dos cidadãos, que são diferentes em percepções, interesses e necessidades. Explicam os autores que o desenvolvimento da PNPIC-SUS é um aprofundamento do cuidado em saúde, em busca da integralidade da atenção e do acesso à prática da cidadania, uma vez que, no campo da saúde, esse preceito ainda sofre grande resistência. Uma das grandes dificuldades encontradas para a efetiva utilização da PNPIC-SUS é a hipervalorização tanto por parte dos profissionais de saúde quanto pelos usuários do SUS de tratamentos que consideram apenas ou primordialmente o aspecto biológico do indivíduo. Trata-se de uma questão cultural, que reflete a reprodução de uma lógica imediatista, positivista e reducionista. Apesar dos muitos resultados científicos positivos advindos de diversos estudos relacionados a essas práticas, as áreas de ciência e saúde ainda se utilizam pouco dos conhecimentos referentes ao assunto (Barros; Siegel; Simone; 2007).

Neurociência, Psicologia e Espiritualidade

Curiosamente, a rigorosa separação entre ciência, espiritualidade, corpo e espírito, existente no Ocidente desde o Renascimento e favorecida pela história Europeia, explica, segundo Jung (1982), não só a compreensão pouco profunda da meditação e de outras práticas holísticas pelo homem ocidental, mas também a sua aceitação. Ao se liberar das cadeias opressivas da tradição religiosa, a ciência ocidental ganhou grande impulso; mas não pôde, porém, lidar com as esperanças e as necessidades espirituais do grande público. Embora não seja uma religião, a meditação e as terapias integrativas propõem um método que veio satisfazer tanto à carência espiritual dos indivíduos quanto ao interesse de cientistas que descobriram nele um objeto terapêutico.

Jung e Wilhelm (1984) destacam a necessidade de o Ocidente exercitar uma compreensão mais profunda dos filósofos orientais, pois, dessa forma, conseguiríamos assimilar seus conhecimentos que se tornariam experimentais e poderiam, gradualmente, ser desvinculados de olhares preconceituosos.

> A palavra depreciativa "psicologismo" atinge apenas os tolos que julgam ter a alma no bolso. É verdade que há uma multidão deles, pois a desvalorização de tudo o que diz respeito às "coisas anímicas" constituí um preconceito tipicamente ocidental, por mais grandiloquentes que sejam as referências à "alma".
>
> (Jung; Wilhelm, 1984, p. 32)

Para Jung e Wilhelm (1984), os filósofos orientais fazem Psicologia simbólica; seria, portanto, um erro interpretá-los literalmente. Os autores afirmam que, com base nessas filosofias, é possível captar e compreender fatos e processos psicológicos anteriormente ocultos em símbolos que ultrapassam o entendimento superficial:

> [...] deliberadamente, faço o possível para trazer à luz da compreensão psicológica certas coisas que soam de um modo metafísico, a fim de evitar que as pessoas acreditem em obscuras palavras de poder. É impossível compreender metafisicamente, mas tão só psicologicamente. Assim, pois, disponho as coisas de seu aspecto metafísico, para torná-las objeto da Psicologia.
>
> (Jung; Wilhelm, 1984, p. 31)

No artigo "Terapias alternativas: uma questão contemporânea em psicologia", Gauer et al. (1997) afirmam que os tratamentos alternativos se caracterizam pela utilização de um pensamento oriental de saúde, representados por pressupostos holísticos entendidos como unidade entre corpo e alma, sendo que o termo *alma* ou *espírito* inclui tanto os aspectos mentais quanto os espirituais.

De acordo com Gauer et al. (1997), a relação entre meditação e psicoterapia já foi estudada e, em preponderância, os psicanalistas consideram a prática meditativa contraproducente para o processo terapêutico, enquanto que os psicoterapeutas da linha Transpessoal creem na ideia contrária, enxergando a meditação como um válido instrumento terapêutico. A relação entre Zen Budismo, Psicanálise, Humanismo e o Transpessoal também já foi instrumento de estudo e, ao se comparar o Zen com o processo psicanalítico, encontraram-se convergências significativas no que diz respeito às relações entre hostilidade e dependência, relacionamentos interpessoais, interpretações e fortalecimento do ego (Gauer et. al., 1997). Os autores apontam ainda para o fato de que as psicoterapias ocidentais se tornam mais eficientes quando utilizadas em conjunto com as práticas orientais, e explicam a grande influência de Jung nos estudos dessas práticas de saúde:

> A teoria de Carl Gustav Jung [...] apresenta notáveis considerações acerca das interações entre cultura, mitologia, religião, psicologia e psicoterapia, introduzindo conceitos de uso relativamente corrente, como inconsciente coletivo e arquétipo. Na verdade, Jung é um dos autores mais citados pelos terapeutas alternativos.
>
> (Gauer et.al., 1997, p. 23)

Para Di Biase, "a rigidez e o dualismo da visão científica, que nos afastou da sabedoria sistêmica, holística e não fragmentada do universo, ocasionou consequências graves para a cultura e a medicina ocidentais" (Di Biase, 2000, p. 35). Segundo o autor, o desequilíbrio homeostático (holístico), a desordem e o estresse poderiam ser transformados em estados mais coerentes e mais harmonizados pela meditação, o que é comprovado por pesquisas: durante a meditação, observa-se, nos centros autorreguladores do encéfalo, uma ausência de atividade muscular no eletromiograma, e uma redução da frequência cardíaca (Di Biase, 2000).

Baptista e Dantas (2002) fazem uma citação de Lowen (1975) sobre o princípio da psicofisiologia, que é de suma importância:

> Cada modificação no estado fisiológico é acompanhada por uma mudança apropriada no estado mental-emocional; e, de forma reciproca, cada modificação desse estado é acompanhada por uma mudança apropriada no estado fisiológico.
>
> (Lowen Apud Baptista; Dantas, 2002, p.14).

Em outras palavras, os sentimentos são manifestados não apenas emocionalmente, mas também fisicamente, pois corpo e mente estão interligados. Além disso, atualmente, a meditação passou a ser também uma intervenção clínica utilizada tanto em psicoterapias, quanto como ferramenta para tratamentos coadjuvantes, tornando-se o foco principal de determinados programas de saúde. A meditação, assim como a psicoterapia, objetiva eliminar as barreiras do ego, a fim de que as potencialidades humanas se manifestem. É uma prática que pode ser interpretada como uma tentativa de desfazer os condicionamentos negativos e as programações tóxicas da mente. Exercitando a focalização da mente e o desenvolvimento de uma atenção livre de elaboração, pode possibilitar que venha à tona o surgimento do conteúdo do subconsciente. A meditação, e outras técnicas orientais e de relaxamento, também vêm sendo utilizadas em sistemas de saúde de outros países, como Nova Zelândia, Canadá, Austrália e Reino Unido. Diversos estudos identificaram resultados positivos na saúde como um todo:

> [...] a melhora da psoríase (Kabat-Zinn et al., 1998), dos transtornos de ansiedade (Miller, et al., 1995) e a redução do estresse, tanto em pacientes não clínicos (Grossman et al., 2004; Jain et al., 2007) quanto clínicos (Carlson et al., 2004; Speca, Carlson, Goodey, & Angen, 2000), têm sido associados ao programa, o que sugere sua eficácia.
>
> O MBSR também deu origem a outro programa similar, porém voltado para o tratamento da depressão, dentro de um contexto ligado à psicoterapia cognitivo-comportamental.

Esse programa, intitulado Mindfulness-Based Cognitive Therapy (MBCT – Terapia Cognitiva Baseada na Mindfulness), tem como objetivo fazer um acompanhamento de pacientes depressivos que tiveram êxito na psicoterapia cognitiva a fim de prevenir sua recaída.

[...] tem se mostrado eficaz para pacientes que tiveram pelo menos três episódios de depressão através do aumento do acesso à metacognição, em que pacientes vivenciam pensamentos e sentimentos negativos como meros estados mentais, e não como uma condição imutável do self (Teasdale et al., 2002).

[...] Uma série de aplicações clínicas do programa tem mostrado resultados significativos, como menor somatização (Nakao et al., 2001), melhor manejo da dor crônica e aguda (Schaffer & Yucha, 2004), melhora de condições relacionadas ao estresse (Esch, Fricchione, & Stefano, 2003), entre outros.

(Menezes, Dell'aglio, 2009)

Segundo Goia (2007), na história do Ocidente, corpo e psicologia se cruzam e se afastam influenciados por transformações sociais, políticas e revoluções científicas e tecnológicas. O autor explica que a Medicina, a Psicologia e a Biologia estudam o corpo e caminham pelo território de análise do comportamento humano há longa data, indicando um passado intimamente presente:

Esta pretensão, por mais estapafúrdia ou utópica que soe, tem suas raízes numa crença ancestral que permeou as grandes questões filosóficas: a existência de duas instâncias de realidade, uma interna a todo ser humano e outra externa ao mundo que sempre esteve lá. Dentro e fora. O corpo e suas funções biológicas, intermediário dessas duas instâncias "fundamentais", torna-se apenas veículo de percepção/expressão entre uma humanidade internalizada na mente e outra onipresente no ambiente.

(Goia, 2007, p. 102)

O autor compreende que esse quadro dualista, que colocou o corpo em uma posição hierárquica de grande importância e estudo, desenvolveu um movimento em busca de reconhecimento como ciência e uma relação de aproximação/distanciamento de outros campos que estudam temáticas corporais. Para Goia (2007), três períodos definem a história do corpo na Psicologia:

> Primeiro, uma fase determinista, na infância da ciência [...], depois externalizado pelo behaviorismo e quase ignorado pela hegemonia da Psicanálise; e, por último, reencontrado numa nova mitificação de um corpo ideal, na proliferação das terapias corporais.
>
> (Goia, 2007, p. 103)

O trajeto histórico da Psicologia no Ocidente demonstra, segundo Goia (2007), que esta não teria emergido como uma área independente se não tivesse efetivado uma cisão radical no conceito corpo-mente, vinculado a uma visão moderna que buscava a verdade. Para a Psicanálise, não era mais o externo que interessava como foco de estudo, mas, sim, o inconsciente, e assim, as teorias de Freud distanciaram a Psicologia das ciências biomédicas, estabelecendo até mesmo um conflito entre Psicologia e Psiquiatria. Considera-se, dessa forma, que a hegemonia da Psicanálise durante as décadas de 1970 e 1980 acabou abrindo espaço para as chamadas "terapias alternativas" e também especialmente para a concepção de novos corpos, como as concepções de Wilhelm Reich e as visões associadas a conceitos "bioenergéticos" (Goia, 2007).

Goia (2007) considera que, no nascimento da ciência moderna, a impossibilidade de se estudar a psique se baseava na mesma divisão cristã entre o externo e o interno ou entre a carne e a alma, que ainda se reflete nas concepções de corpo e mente. E conclui:

> Para a Psicologia, então, o corpo humano não serviria somente para julgamentos de verdade, ou análises reducionistas, nem para receitas de bem-viver, mas produziria a materialidade para enfrentar e fugir dos controles e padrões de uma ciência ainda formatada no dualismo ou no holismo.
>
> (Goia, 2007, p. 108)

Uma saúde holística diz respeito a um equilíbrio entre todos os aspectos que compõem a estrutura do sujeito, ou seja, corpo, mente, energia, emoção e espírito. Na ciência ocidental, a respiração é vista como um fenômeno fisiológico que objetiva absorver o oxigênio do ar para realizar as transformações químicas necessárias a fim de nutrir todas as células. Para o *yogi*, porém, a respiração vai além de um fato fisiológico, pois faz parte também do plano psíquico e promove homeostase (Hermógenes, 2007). A respiração é o único processo fisiológico que é, ao mesmo tempo, involuntário e voluntário (podemos controlar, retardar, pausar ou acelerar o fluxo respiratório). Hermógenes (2007) afirma que as "coisas" desconhecidas pelo eu consciente são temidas e recalcadas e que, submetidas (mas não vencidas), elas permanecem criando conflitos, que podem repentinamente se descontrolar. Segundo o autor, tentativas são feitas para um "tratado de paz" entre esses dois partidos que dividem a psique dos indivíduos – o consciente e o inconsciente –, e a respiração é um meio de acessar a unificação da consciência e conseguir o equilíbrio entre eles.

> Há em cada homem duplo ritmo respiratório. Um ligado à vida de relação ou consciente, e outro à atividade inconsciente e vegetativa. A primeira é superficial, e a outra profunda. Aquela se liga às atividades conscientes, características do Eu superficial e consciente, e esta é própria dos mecanismos inconscientes e involuntários, ligada, portanto, ao Eu profundo. A integração que se atinge no plano respiratório é estendida ao plano psíquico, à mercê da integração dos dois sistemas nervosos: cérebro-espinhal e simpático.
>
> (Hermógenes, 2007, p. 97)

Vamos apresentar a seguir, diversos estudos – especialmente nos campos da Medicina e da Psicologia – que demonstram como as práticas de meditação, as terapias integrativas e os exercícios respiratórios, ensinados no manual desta obra, podem ser utilizados de forma assertiva como ferramentas efetivas na promoção da qualidade de vida.

Para compreender os impactos psicológicos da respiração é necessário partir do princípio de que as emoções estão intimamente ligadas ao ato de respirar. Ao se observar um indivíduo com medo ou pânico, percebe-se uma respiração rápida e superficial, bem diferente da respiração mais lenta e profunda de quem experimenta paz interior e segurança. Por isso, as técnicas de relaxamento e de respiração utilizadas hoje também na Psicologia Comportamental, estimulam o organismo para que retorne à sua capacidade basal: homeostase e alostase (Neves Neto, 2011).

Segundo Neves Neto (2011), apesar da longa tradição das técnicas de respiração na saúde, os médicos contemporâneos relatam que, na graduação, aprendem sobre a anatomia do sistema respiratório e sobre as doenças do trato respiratório, mas nada sobre a essência da respiração. Ainda segundo o autor, também na formação do psicólogo clínico em Terapia Cognitivo-Comportamental – TCC, o ensino e/ou treinamento em técnicas de respiração não é valorizado, sendo muitas vezes relegado a um papel inferior ou secundário. Apesar disso,

> [...] as técnicas de relaxamento, incluindo os treinos baseados na respiração, vêm se expandindo na formação médica norte-americana, inclusive como uma proposta de integrar as terapias complementares na medicina oficial, sendo que, das 62 escolas médicas avaliadas, 58% já ofereciam algum treinamento no uso terapêutico de técnicas de relaxamento em cursos regulares e/ou eletivos. Em nosso meio, por exemplo, a Unidade de Medicina Comportamental do Departamento de Psicobiologia da UNIFESP é pioneira na realização de cursos eletivos regulares para os acadêmicos de medicina sobre as técnicas de relaxamento, respiração, meditação e biofeedback, associadas à TCC [...]. A TCC é uma abordagem psicoterápica que reconhece o papel das cognições disfuncionais e/ou limitantes na geração da resposta psicofisiológica do estresse.
>
> (Neves Neto, 2011, p. 161-162)

A TCC utiliza-se de procedimentos relacionados à respiração com o objetivo de "diminuir a função do sistema nervoso autônomo simpático e os neuro-hormônios do estresse e promover a função parassimpática e os neuro-hormônios implicados na resposta de relaxamento" (Benson et. al. apud Neves Neto, 2011, p.162). Facilita, assim, a promoção de uma nova estrutura cognitiva e uma expressão emocional mais saudável e reguladora.

O autor explica que, por definição, a respiração consiste em: (a) uma série de reações químicas que permitem que organismos convertam a energia química armazenada nos alimentos em energia, que pode ser usada pelas células, denominada respiração interna, e (b) o processo pelo qual um animal retira o oxigênio de seu ambiente e descarrega dióxido de carbono nele, denominado respiração externa (Neves Neto, 2011, p. 160).

Entre os inúmeros benefícios observados e comprovados cientificamente pela utilização das técnicas de respiração, Neves Neto (2011) enumera os seguintes:

> [...] estabilização do sistema nervoso autonômico, aumento da variabilidade da frequência cardíaca, diminuição da pressão arterial (sístole e diástole), aumento da função pulmonar, aumento da função imune, aumento do fluxo de sangue e linfa, melhora da digestão, melhora da qualidade e padrão do sono e aumento do bem-estar biopsicossocial e qualidade de vida.
>
> (Neves Neto, 2011, p. 164)

Algumas abordagens da psicologia, como a Biogenética, constataram a importância da respiração como parte inerente de uma boa saúde mental. Segundo Elias (2009), Alexander Lowen, criador da contemporânea Psicologia Corporal Bioenergética, acredita que exista uma relação direta entre a respiração e os sentimentos, tendo em vista que a repressão destes últimos se reflete em nível fisiológico.

A Bioenergética utiliza técnicas que trabalham as emoções por meio da respiração. Elias (2009) nos diz que o aumento da profundidade da respiração faz com que o sujeito acesse locais profundos da mente e entre em contato com sentimentos reprimidos. Sendo assim, a expansão da respiração resulta na expansão da consciência. Reich, conhecido como o criador das "psicologias corporais", trabalhou a respiração como base de suas teorias (Elias, 2009).

Outras abordagens psicoterapêuticas também se utilizam da respiração como técnica de promoção de saúde. No artigo "Efetividade da técnica de relaxamento respiratório (RR) na redução dos sintomas de ansiedade em dependentes de crack", Oliveira, Gomes e Cecconello (2008) comentam técnicas que envolvem a respiração na TCC. Segundo os autores, o relaxamento é um dos muitos instrumentos usados pela TCC, e a técnica tem mostrado bons resultados na redução da agitação e da ansiedade em dependentes de crack: "O treino de respiração tende a distrair o paciente, ao mesmo tempo em que lhe proporciona uma sensação de controle sobre o próprio organismo" (Oliveira; Gomes; Cecconello, 2008, p. 10).

Em estudo realizado com pacientes psiquiátricos, constatou-se que a prática proporcionou maior integração do grupo e promoveu auto-controle, redução da ansiedade, relaxamento, melhora da autoestima, da percepção sobre a consciência corporal e da maneira de verbalização de sentimentos (Andrade; Pedrão, 2005).

Segundo Eliade (1996), os exercícios respiratórios ampliam a capa-cidade pulmonar e o autocontrole, auxiliam em problemas respiratórios, reduzem a ansiedade, melhoram a autoestima, desenvolvem o autoconhe-cimento e a consciência corporal e diminuem até mesmo o nível de dor, contribuindo naturalmente para a manutenção da saúde e o tratamento e a prevenção de doenças. O autor explica por que os benefícios físicos e emocionais ocorrem simultaneamente:

> A afirmação "sempre há um vínculo entre a respiração e os estados mentais" exprime muito mais do que a simples constatação de que, por exemplo, a respiração de um homem colérico é agitada, enquanto a respiração daquele que se concentra (mesmo que provisoriamente e sem nenhuma finalidade yôguica) é ritmada, moderada. A relação que liga o ritmo da respiração aos estados de consciência, que tem sido observada e comprovada experimentalmente pelos yogis desde os tempos mais remotos, serviu-lhes de instrumento de "unificação" da consciência. A "unificação" de que se trata aqui deve ser compreendida no sentido de que, ritmando a respiração e tornando-a progressiva-mente mais lenta, o yogi pode "penetrar", isto é, experimentar com toda lucidez certos estados de consciência inacessíveis na vigília e, em particular, os estados de consciência que caracterizam o sono.

> (Eliade, 1996, p. 59)

As relações entre respiração e emoções também são mencionadas por estudos neurofisiológicos:

Homma, Masaoka (2008) apontam para uma estreita relação entre o processo respiratório e os estados emocionais (ex. alegria, tristeza, medo, raiva e nojo), sugerindo que desde os estudos com animais até os estudos com seres humanos são demonstradas relações intrínsecas entre a função olfatória e o centro respiratório, particularmente sobre estudos da atividade do complexo piriforme–amígdala e ritmo respiratório.

(Neves Neto, 2011, p. 161)

No artigo científico "Os Efeitos da Meditação à Luz da Investigação Científica em Psicologia: Revisão de Literatura" (2009) são citados diversos estudos que validam a efetividade das técnicas de meditação, conforme se pode ler:

Sintomas de estresse, em particular, têm apresentado resultados bastante significativos após o uso da meditação com populações clínicas e não clínicas, como apontam as medidas de sofrimento (distress) psicológico e marcadores biológicos (Cruess, Antoni, Kumar, & Schneiderman, 2000; Goleman 282 & Schwartz, 1976; Oman, Hedberg, & Thoresen, 2006; Ostafin et al., 2006). Além disso, segundo uma meta-análise em que foi observado um alto e consistente tamanho de efeito da meditação sobre diversas situações clínicas, é através da redução do estresse que a meditação pode ser benéfica para diversas condições de saúde (Grossman, Niemannb, Schmidtc, & Walachc, 2004).

Estudos de acompanhamento descobriram que a meditação auxilia no gerenciamento e na redução do estresse, e que esse efeito se prolonga no tempo (Miller et al., 1995; Oman et al., 2006; Ostafin et al., 2006). Embora Ostafin et al. (2006) não tenham encontrado uma correlação positiva significativa entre a frequência da prática e a diminuição do sofrimento psicológico, Oman et al. (2006) constataram que a adesão à prática de meditação ao longo de quatro meses teve efeito direto na redução do estresse após esse tempo.

A prática meditativa também está associada à diminuição da ansiedade (Brown & Ryan, 2003; Davidson et al., 2003; Galvin et al., 2006; Schwartz, Davidson, & Goleman, 1978; Grossman et al., 2004), sendo que os efeitos de uma intervenção de oito semanas de meditação sobre a redução dos sintomas do transtorno de ansiedade generalizada e do transtorno de pânico, com e sem agorafobia, foram mantidos por três anos (Miller et al., 1995). Além disso, pessoas com o transtorno do comer compulsivo que passaram por uma intervenção que utilizava meditação, tiveram a frequência e a intensidade de seus episódios diminuídas em função da redução da ansiedade e da depressão (Baer, Fischer & Huss, 2005; Kristeller & Hallett, 1999).

A meditação também é capaz de estimular aspectos saudáveis, estando muito associada à saúde mental (Goleman, 1988; Hankey, 2006). Uma pesquisa verificou que, a prática meditativa, associou-se à ativação do córtex pré-frontal esquerdo (Davidson et al., 2003), que está relacionado a afetos positivos e a maior resiliência (Davidson, 2004). Além disso, ondas teta produzidas pela meditação também mostraram correlação positiva com o relato da experiência emocional positiva durante a prática de meditadores experientes, em contraste com iniciantes (Aftanas & Golocheikine, 2001).

Em razão dessa relação entre meditação e aspectos psicológicos positivos, muitos autores a concebem como uma técnica útil para tratamentos psicoterápicos (Hayward & Varela, 2001; Martin, 1997; Naranjo, 2005).

(Menezes, Dell'aglio, 2009, pg. 281)

Em outro estudo de intervenção, ao serem aplicadas técnicas de relaxamento muscular e realizados exercícios respiratórios em mulheres durante o trabalho de parto, observou-se que ocorreu redução da ansiedade e alívio da dor (Davim; Dantas, 2009).

A American Phisychological Association tem difundido estudos de universidades como a Stanford University, que tem investigado os benefícios da meditação, da respiração e de outras técnicas na saúde mental dos pacientes de psicólogos que o utilizam como uma ferramenta terapêutica complementar em seus atendimentos clínicos[1]. Enquanto isso, no Brasil, no âmbito do saber psicológico, observa-se resistência e pouco investimento em pesquisas científicas.

---

1. N. A.: Mais informações sobre as discussões apresentadas encontram-se disponíveis na página da American Phisychological Association.

Neurociência

Com a Teoria da Relatividade Especial (1905), Albert Einstein comprovou que todo o Universo se expressa energeticamente, ou seja, que absolutamente tudo é energia. O Universo é um todo em harmoniosa evolução: inúmeras partículas vibram em altas velocidades no interior da matéria, sustentando o nosso mundo material que, em essência, é uma homeostase de eletricidade, força, vibração e movimento. A diferença diz respeito somente à maneira como a energia se manifesta, podendo fazê-lo sutilmente, como é o caso da luz e de nossas emoções, ou densamente, como acontece com os objetos sólidos (Limaa, 2013).

De fato, a frase clichê "somos partículas das estrelas" faz todo o sentido, porque tudo no Universo nasceu, literalmente, de explosões e vibra em sintonia, sujeito às mesmas leis naturais, fato que possibilita que vejamos o Universo como uma grande orquestra cósmica composta por galáxias, estrelas, planetas, florestas, seres vivos e por cada átomo, célula e bactéria que faz parte do nosso corpo. Fazemos parte de um sistema integrado: somos todos um.

Quando associamos a descoberta de Einstein à descoberta de Planck, percebemos então que vivemos num Universo em que tudo vibra numa certa energia, associada a uma determinada frequência, possibilitando que vejamos o Universo como uma grande sinfonia cósmica composta de sinfonias menores que envolvem as galáxias, as estrelas, os planetas, as florestas, os seres vivos, cada átomo, cada célula, cada bactéria que faz parte do nosso corpo. [...] Os princípios da mecânica quântica nos mostram que o universo que comporta o mundo subatômico e que compõe o grande Universo material é regido por relações de interdependência e interconexão. Tudo está interligado, e uma ação sobre uma partícula reverbera sobre todas as demais, inclusive sobre ela própria, levando-nos a perceber a realidade como uma grande teia, que é possível ser compreendida segundo uma abordagem sistêmica, holística. (Limaa, 2013, p. 31)

Sabemos que o cérebro é capaz de construir novas redes neuronais com base em novos hábitos vindos de ambientes enriquecidos, ou seja, um ambiente que proporcione satisfação, conforto, segurança, paz interior e bem-estar. Pesquisas demonstram que podemos, por exemplo, afetar o nosso sistema imunológico, o endócrino ou o sistema nervoso central com as emoções que sentimos. Existe atualmente, inclusive, uma área específica da medicina para estudar essas alterações, denominada *psiconeuroimunologia.*

O corpo humano é um microcosmo regido pelas mesmas leis universais. Isso significa que ele é um sistema constituído por células, órgãos e bactérias, regido por uma inteligência e por uma rede de conexões interdependentes. Cada partícula do corpo humano é também identificada pela relação que estabelece consigo própria, com o ser que lhe deu origem e, também, com o universo ao seu redor.

Sabemos que uma única célula desse corpo realiza mais de 100 mil reações químicas por segundo, produzindo substâncias vitais para o organismo. Cada célula de cada órgão desempenha um papel específico, e cada uma tem a sua importância, assim como cada hormônio do sistema endócrino que se liga aos nossos sistemas energéticos, e que chamamos de *chakras.*

Vamos refletir, então, sobre a grande importância da meditação e do autoconhecimento.

Dalai Lama considera que, se todas as crianças de hoje praticassem meditação, teríamos no futuro um mundo completamente livre de qualquer tipo de violência. Partindo, portanto, desses pressupostos, de que tudo está interligado e de que uma ação sobre uma partícula reverbera sobre todas as demais, inclusive sobre ela própria, concluímos que precisamos expandir a nossa consciência da realidade para nos integrar a esta grande teia magnética, que só pode ser vivenciada e compreendida por meio de uma abordagem holística e integrada.

O sistema nervoso

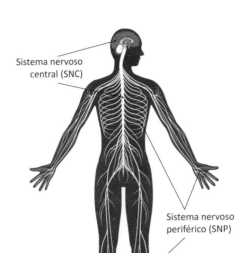

Fig. 01 - Sistema nervoso central e sistema nervoso periférico

O sistema nervoso é um centro de controle neural que coordena a maior parte das funções biológicas e motoras, possibilitando a integração do organismo com o Universo. Em linhas gerais, esse sistema desempenha as três funções básicas descritas a seguir.

- **Função sensitiva** ou de monitoramento do que acontece dentro do corpo, de modo a identificar, como um termômetro, as variações do organismo e os sinais luminosos, térmicos e sonoros que provocam a excitação das fibras nervosas sensitivas.
- **Função integradora** ou de processamento de estímulos, o que implica interpretar as informações sensitivas recebidas, armazená-las e reagir a cada um dos estímulos com respostas específicas.
- **Função motora** ou de resposta aos estímulos, o que significa organizar o funcionamento corporal por meio de secreções glandulares e dar início a ações, promovendo contrações musculares que geram movimentos.

Trabalhando 24 horas por dia, o nosso corpo é responsável por grandiosas funções, cuja complexidade muitas vezes sequer imaginamos. O sistema nervoso (SN) processa informações ininterruptamente e atua como receptor e emissor de sinais que possibilitam percepções do que ocorre dentro e fora do organismo e divide-se em sistema nervoso central (SNC) e sistema nervoso periférico (SNP). O SNC é composto pelo encéfalo e pela medula espinhal e é protegido pelo crânio e pelas vértebras da coluna. O SNP encontra-se nas extremidades do corpo e é constituído por fibras (nervos), gânglios nervosos e órgãos terminais. Sua função básica é conectar o SNC com outras partes do corpo humano. Todas as ações e reações do organismo são supervisionadas por esse sistema, que capta e transmite, por meio de fibras sensitivas, estímulos internos e externos ao SNC.

Neurônios e neurotransmissores

O responsável estrutural pela transmissão de um impulso nervoso é o neurônio. Cada neurônio é construído por um corpo celular e seu prolongamento é denominado axônio. Um impulso nervoso percorre o interior do neurônio até atingir toda a sua extensão. Ele também é conduzido de um neurônio para outro ou de um neurônio para outras células, tais como as fibras musculares e os tecidos glandulares. A esse processo ou rede de comunicação damos o nome de sinapse, que tem como objetivo transmitir informações.

A sinapse é um processo químico no qual a irradiação de um sinal eletroquímico transmite uma informação específica que percorre o interior do neurônio e é convertido, nas vesículas sinápticas, em substâncias químicas, conhecidas como neurotransmissores. Estes, por sua vez, durante as sinapses, funcionam como biossinalizadores, atuando nos canais sinápticos e na captação ou recaptação de neurotransmissores por outros neurônios, células musculares e glandulares.

Fig. 02 - Sinapses Neurais

Neurociência, neuropsicologia e aprendizagem

Neurociência é um termo que traz em seu conceito a ideia de interdisciplinaridade, uma vez que engloba áreas de produção científica que realizam "estudo da estrutura e de todas as funções, normais e patológicas, do sistema nervoso", compreendendo atualmente o comportamento como forma de manifestação destas funções, estando indissociado do organismo.

> [...] A Neuropsicologia é uma neurociência que trata desta relação entre comportamentos e fatores neurobiológicos, tendo como um de seus objetos de estudo as Funções Executivas enquanto ações cognitivas especificamente humanas voltadas para autocontrole do comportamento. Outro objeto de estudo, a aprendizagem, é aqui vista como um complexo fenômeno neuropsicológico, e seu efeito, o aprendizado enquanto mudança de comportamentos, é resultado de modificações funcionais ou estruturais no Sistema Nervoso Central (SNC), de caráter mais ou menos permanente, que ocorrem em decorrência de estímulos ou experiências vividas pelo organismo.
>
> (Zompero, Gonçalves, Laburu, 2017, p. 421).

Segundo Zompero, Gonçalves e Laburu (2017), estímulos que nos modificam neurologicamente são processados em diferentes níveis e nos chegam por terminações nervosas, funcionalmente organizadas em cinco sentidos. Voluntária e involuntariamente, coletamos dados do meio externo e de nosso interior, assimilando processos benéficos, afastando ameaças, resolvendo problemas e mantendo a homeostase do corpo. De acordo com os princípios da ciência neural, cérebro, mente e ambiente se integram numa extensão contínua, visto que todos os processos mentais são biológicos e, portanto, qualquer alteração nesses processos é necessariamente orgânica. E toda alteração orgânica impacta diretamente o nosso corpo, por isso, estamos psiconeurologicamente integrados.

Pensando de modo neutro, ambientes educacionais, virtuais ou reais, como quaisquer outros, são fontes de estímulos que podem provocar alterações neurológicas e/ou neuropsicológicas, ou seja, aprendizado, independentemente da qualidade deste ser relativo ou não ao conteúdo ensinado pelo professor ou material de ensino. No entanto, a intencionalidade pedagógica visa à aprendizagem desses conteúdos com o propósito maior de o aprendiz se preparar para exercer controle motor, afetivo e cognitivo, em situações presentes ou futuras, que exijam sua adaptação, autodefesa, resolução de problemas ou que lhe possibilitem benefícios nos diversos ambientes naturais e culturais onde vive e viverá. Trata-se, portanto, de estimular as Funções Executivas, enquanto formas superiores de uso de informações e expressão de conhecimentos ou performances, adotando procedimentos cognitivos de execução, regulação e controle de condutas [...], os quais dependem centralmente de atividades do Córtex Pré-Frontal, do adequado desenvolvimento e funcionamento de seus segmentos e núcleos [...]. (Zompero, Gonçalves, Laburu, 2017, p. 422).

Assim sendo, como sempre estamos prontos para aprender e reagir a novos estímulos, nunca é tarde para adaptar o nosso cérebro a uma nova realidade. A neuroplasticidade faz com que sempre estejamos prontos a aprender. A plasticidade neuronal é a capacidade do sistema nervoso de mudar, adaptar-se e moldar-se estrutural e funcionalmente quando exposto a novas experiências. Devido a essa característica única, os circuitos neuronais são maleáveis e atuam na formação de memórias e da aprendizagem, na adaptação do organismo a lesões e em eventos traumáticos experienciados pelo indivíduo ao longo da vida. A neuroplasticidade é um processo coordenado, dinâmico e contínuo, que promove a remodelação dos mapas neurossinápticos para otimizar e/ou adaptar a função dos circuitos neuronais. Está, portanto, intimamente relacionada à reestruturação cerebral promovida por mudanças coordenadas nas estruturas sinápticas e proteínas associadas, que levam ao remapeamento dos circuitos neuronais e, por conseguinte, ao processamento de informações, ao aprendizado de novas realidades, ao treinamento do cérebro (meditação) e à formação de memórias.

Por isso, sem sombra de dúvida, quanto mais cedo nossas crianças começarem a se dedicar a hábitos de vida saudáveis por meio da meditação e do autoconhecimento, maior será sua assertividade em todos os seus relacionamentos. A prática da meditação por crianças as torna menos propensas a estresse, preocupações e doenças. Esse e outros excelentes motivos justificam essa prática na escola.

Segundo Zompero, Gonçalves e Laburu (2017), Vygotsky e Luria, o cérebro, como "órgão da civilização" e "órgão da aprendizagem":

> [...] transforma já muito cedo ação em pensamento, pela internalização da linguagem, e depois pensamento em ação, pela condução simbólica dos comportamentos. Tais processos cognitivos, propriamente humanos, são, enquanto conjunto, a principal função do Lobo Frontal na produção de condutas superiores.
>
> (Zompero, Gonçalves, Laburu, 2017, p. 422).

A meditação é uma prática que comprovadamente altera nossos padrões comportamentais e contribuem para o aprendizado e o recondicionamento de nossa mente, adaptando-a a novos hábitos, mais positivos e assertivos, que reverberam psiconeurocientificamente em nossa saúde mental, impactando diretamente nossa qualidade de vida.

O estresse

O estresse pode ser definido como a soma de respostas físicas e psicológicas geradas por estímulos internos e externos (estressores), que permitem ao ser humano ou ao animal superar determinados desafios relacionados aos perigos do meio externo. Sendo assim, o estresse não é necessariamente negativo: na realidade, ele tem papel relevante na preservação da espécie, permitindo-nos resistir a situações de vulnerabilidade e a continuarmos vivos. O problema começa quando os mecanismos responsivos ao estresse se tornam muito constantes em curtos intervalos de tempo, sobrecarregando o organismo, afetando constantemente a homeostase, podendo gerar desequilíbrio em diversos níveis.

Quando o organismo reconhece uma situação de emergência, o hipotálamo sinaliza à hipófise para que faça as glândulas suprarrenais (também chamadas adrenais) produzirem os hormônios do estresse: o cortisol, a adrenalina e a noradrenalina. Esses hormônios fazem aumentar a frequência cardíaca (o coração bate mais rápido), a respiração acelerar, os vasos sanguíneos bombearem mais sangue para os músculos grandes e o coração, a pressão sanguínea aumentar, a musculatura corporal tensionar, o sistema digestivo mudar e os níveis de glicose (energia do açúcar) no sangue subirem. Contudo, uma vez passado o episódio de estresse agudo que motivou essa resposta do organismo, conhecida como resposta de "luta" ou "fuga", o corpo retorna a seu estado normal.

Já o estresse extremo e o estresse prolongado (crônico) podem levar a problemas mais graves no coração e nos vasos sanguíneos, pois os níveis elevados daqueles hormônios e, consequentemente, da frequência cardíaca e da pressão arterial, aumentam o risco de hipertensão, de ataque cardíaco e de acidente vascular cerebral. Quando o nosso corpo se submete a uma situação de extremo estresse, bem como a episódios de ansiedade, raiva ou preocupações constantes, as glândulas suprarrenais secretam uma quantidade ainda maior de adrenalina, que por sua vez vai diminuir o diâmetro interno dos vasos sanguíneos, fazendo com que o coração tenha de trabalhar mais para bombear o sangue necessário. O aumento da frequência cardíaca aumenta a pressão arterial. Para atender a esse aumento de atividade do coração, o fígado libera mais glicose, aumentando a taxa glicêmica.

Para enfrentar essa hiperglicemia, o pâncreas se vê obrigado a liberar mais insulina no sangue. A insulina estimula a metabolização da glicose pelas células do corpo até atingir níveis abaixo dos padrões normais, ocasionando a hipoglicemia (baixo nível de glicose no sangue), cujos sintomas são mais estresse, cansaço, tristeza, falta de energia e motivação, entre outros. Assim, um ataque de ira e ansiedade dispara mental e fisicamente um circuito de funcionamento negativo no corpo, muito semelhante ao de muitas horas de um trabalho exaustivo. (De Carli, 2001)

O estresse é inerente ao ser humano e, desde a época das cavernas, atua prevenindo perigos e contribuindo para a luta e a fuga pela sobre-vivência. Em excesso é que é o grande problema. Quando estamos com medo, a resposta natural do nosso corpo é liberar uma onda de adrenalina e cortisol. No entanto, muita adrenalina e cortisol são prejudiciais para a saúde física e mental de uma pessoa e pode fazê-la vivenciar sintomas similares aos de um ataque de pânico, como aceleração do pulso ou dos batimentos cardíacos, respiração curta e tontura.

Se buscarmos nos sintonizar com nosso Eu, evitando a raiva e a preocupação, não sobrecarregaremos o nosso organismo com a produção excessiva dos hormônios do estresse. A pressão arterial vai se manter equilibrada e o fígado não será tão exigido. Minimizaremos, assim, o encadeamento de reações orgânicas prejudiciais à saúde, tão comum nos dias de hoje, especialmente entre os habitantes de grandes cidades.

Existe na física o termo "força de orientação". Apesar de haver uma massa de energia, a corrente elétrica não flui, ela precisa ser ligada ao circuito e só então fluirá através da "força de orientação". Assim, também a energia mental, que se dissipa e é mal dirigida por vários pensamentos inúteis e mundanos, deveria ser levada para verdadeiros canais espirituais. Não acumule no cérebro informações inúteis. Aprenda a desmentalizar a mente. Esqueça tudo o que não lhe for útil. Só então você poderá encher sua mente de pensamentos divinos. À medida que os raios mentais dissipados forem coletados novamente, você irá adquirir nova força mental.

[...] Uma célula é uma massa de protoplasma com núcleo, dotada de inteligência. Algumas células produzem secreção, outras excretam. As células dos testículos secretam o sêmen; as células dos rins excretam a urina. Certas células representam o papel do soldado. Defendem o corpo das investidas ou dos ataques de matérias venenosas, estranhas ou de germes. Elas os digerem e os jogam fora. Certas células transportam os alimentos para os tecidos e os órgãos e realizam o seu trabalho sem o conhecimento consciente de nossa vontade. Suas atividades são controladas pelo sistema nervoso simpático e estão em comunhão direta com a mente no cérebro. Todo impulso da mente, todo pensamento, é transmitido às células.

Estas são enormemente afetadas pelas várias condições ou estados de ânimo. Se na mente existe confusão, depressão e outras emoções e pensamentos negativos, estes serão transmitidos telegraficamente por meio dos nervos à cada célula do corpo. As células-soldados entram em pânico. Enfraquecem. Ficam incapacitadas de executarem corretamente suas funções. Tornam-se ineficientes.

(Sivananda, 1978, p. 17)

A importância da coluna vertebral para nossa saúde física e energética

Por que devemos manter a coluna vertebral alinhada em exercícios de Neuromeditação®?

Cabe-nos aqui uma reflexão sobre a sabedoria do Universo, que busca em cada pequena parte do corpo a experiência do equilíbrio e da homeostase, para que a complexa e rica arquitetura, que é o corpo, funcione de forma plena e a todo vapor.

Nosso corpo é um grande universo no qual todos os sistemas corporais estão completamente interconectados a cada pequeno movimento que desenvolvemos. Os sistemas nervoso, circulatório, endócrino, respiratório, digestório, imune, esquelético, muscular, bem como o tecido conjuntivo, os fluidos e os ligamentos, todos são trabalhadores de uma mesma fábrica que executa movimentos interdependentes de respiração, manutenção e de sobrevivência. Sem o sistema circulatório, por exemplo, o sistema respiratório não seria capaz de distribuir oxigênio, hormônios e nutrientes para as células do corpo. Nenhum sistema do nosso corpo funciona de forma isolada; todos trabalham juntos para a grande homeostase do organismo.

O sistema esquelético é composto por ossos, ligamentos e outros tecidos que constituem as articulações: líquido sinovial, cartilagem hialina e discos cartilaginosos. A porção muscular é constituída pelos músculos e tendões que cruzam o espaço articular e se prendem aos ossos, assim como pelas terminações nervosas que organizam a refinada sequência e o ritmo das nossas ações musculares. Todos esses tecidos são constituídos ou envolvidos por camadas de tecido conjuntivo.

Sendo assim, podemos pensar em um sistema único: o músculo-esquelético. Os músculos e ossos trabalham conjuntamente pelas nossas relações de preservação, gravidade e proteção para que possamos nos mover no mundo, manter a postura ereta, entre outras funções. Sem o suporte do sistema esquelético, os músculos seriam apenas uma massa de tecido contrátil sem condições de se movimentar. Em contrapartida, sem o movimento gerado pelos músculos, os ossos seriam incapazes de se movimentar pelo espaço e poderiam apenas responder a forças externas ao corpo. O sistema muscular coloca os ossos em posições específicas para que eles possam desempenhar, em plenitude, suas funções de maneira eficiente.

Nossos ossos são fortes o bastante para não cederem à força que exercemos sobre eles, leves o suficiente para que possamos nos mover pelo espaço e maleáveis o necessário para se adaptarem às torções e aos movimentos que fazemos de forma tridimensional. Com o suporte dos ligamentos, esses movimentos se tornam ainda mais flexíveis, facilitando o trabalho das articulações, que são tecidos que conectam dois ossos. Esse tecido pode ser cartilaginoso, fibroso, líquido sinovial ou alguma combinação dos três. Os ossos sustentam o peso e os músculos movem os ossos.

> O que em geral acreditamos ser um músculo em movimento é, na verdade, um órgão constituído por pelo menos quatro tecidos diferentes: tecido muscular, tecido conjuntivo, nervos e vasos sanguíneos. O tecido muscular propriamente dito possui capacidade de se contrair e gerar movimento. O tecido conjuntivo transmite a força dessa contração ao que quer que o músculo esteja conectado, como os órgãos ou a pele. Os nervos indicam aos músculos quando disparar, por quanto tempo e com qual intensidade, e os vasos sanguíneos fornecem os suprimentos necessários para que o tecido muscular permaneça ativo.
>
> (Kaminoff; Matthews, 2013, p. 55)

Cumprindo um papel essencial tanto na sustentação e na movimentação do nosso corpo quanto na proteção da medula espinhal, existe um eixo, uma estrutura axial constituída por um conjunto de ossos, articulações e ligamentos: a coluna vertebral[2].

> A coluna vertebral [...] foi construída para neutralizar a combinação de forças [...] exercidas pela gravidade e pelo movimento. As 244 vértebras estão ligadas entre si por zonas intermediárias de discos cartilaginosos, articulações capsulares e ligamentos. Essa alternância

---

2. N. R.: os autores se referem às vértebras articuladas da coluna. Das 33 vértebras que constituem a coluna vertebral humana, apenas 24 são articuladas; as do sacro e do cóccix são soldadas.

de estrutura óssea e tecido mole representa uma distinção entre elementos passivos e ativos. As vértebras são os elementos estáveis e passivos (*sthira*) E os elementos móveis e ativos (*sukha*) são os discos intervertebrais, as articulações facetadas (capsulares) e a rede de ligamentos que conecta os arcos das vértebras adjacentes. O equilíbrio intrínseco da coluna vertebral pode ser encontrado na integração desses elementos passivos (*sthira*) e ativos (*sukha*).

(Kaminoff; Matthews, 2013, p. 28)

A coluna é nossa sustentação, o que nos permite caminhar ou permanecer em pé e em equilíbrio.

Se você pudesse remover todos os músculos que se prendem à coluna vertebral, mesmo assim ela não cederia. Por quê? O equilíbrio intrínseco é o conceito que explica não apenas a razão pela qual a coluna é uma estrutura de autossustentação, como também explica o porquê de todo movimento da coluna produzir energia potencial que a faz retornar para uma posição neutra. A mesma organização existe na caixa torácica e na pelve, que, assim como a coluna vertebral, são mantidas unidas pela tensão mecânica.

(Kaminoff; Matthews, 2013, p. 43)

A coluna vertebral é mais importante do que você imagina, e está relacionada aos órgãos de uma maneira incrível. Ela é o núcleo, o ponto central por meio do qual toda a vida se regula. Situa-se quase que inteiramente na parte central do nosso corpo, o tronco, onde também se localiza a maioria de nossos órgãos vitais. Ao longo dela, dispõem-se nossos principais centros energéticos, os *chakras*, que dela se servem para receber nutrição. A coluna recobre a medula espinhal, que tem a missão de retransmitir toda a informação que sai do cérebro e viaja pelo resto do corpo, contando, para isso, com diversas terminações nervosas que passam por cada uma das vértebras. Quando as vértebras perdem seu alinhamento natural, há um problema de comunicação que pode prejudicar o funcionamento de algum órgão específico do corpo e levar ao aparecimento de dores ou doenças.

Segundo Freud, o pai da Psicanálise, uma boa e alinhada postura representa uma grande evolução da espécie humana, o marco que permite distinguir o homem dos animais: a postura possibilitou ao ser humano organizar-se como cultura. Para o psicanalista, humanizar-se é sair da condição "animalesca" instintiva. O fato de o homem ter se levantado do chão, projetou-o para novas dimensões e conquistas como espécie.

Mudar nossa postura corporal pode mudar até nossa conduta diante da vida. Uma postura correta inspira sentimentos específicos de seriedade, autoestima e segurança; já a má postura pode transmitir tristeza e baixa autoestima. Além do motivo da aparência, a boa postura deve ser procurada também com o objetivo de melhorar a saúde e a qualidade de vida. Estudos comprovam a relação entre o comportamento corporal e os registros emocionais. Pessoas tímidas, retraídas, reprimidas ou inseguras, por exemplo, costumam ter uma postura mais curvada para dentro, mais corcunda, fechando o seu "ciclo" de comunicação com o mundo.

Em contrapartida, pessoas comunicativas costumam caminhar com o peito mais aberto e a cabeça erguida. Pessoas emocionalmente inflexíveis costumam ser mais rígidas e ter uma coluna menos maleável, com maiores tensões musculares do que pessoas flexíveis. Em síntese, o que sentimos impacta nosso corpo, assim como o que fazemos com o nosso corpo pode impactar nossos sentimentos e até nossa visão de mundo. Vale lembrar que, do ponto de vista do Yoga:

> [...] as mudanças mais profundas ocorrem quando as forças que as obstruem são reduzidas. No caso do equilíbrio intrínseco, há embutido no centro do corpo um nível mais profundo de sustentação. Essa sustentação inerente não depende de esforço muscular, porque ela resulta das relações entre os tecidos não contráteis de cartilagem, ligamento e osso. [...] Resumindo, o Yoga sempre pode ajudar a liberar a energia potencial armazenada no esqueleto axial, a partir da identificação e liberação de um esforço muscular externo menos eficiente, que pode obstruir a expressão dessas forças mais profundas.
>
> (Kaminoff; Matthews, 2013, p. 43)

Funções da coluna vertebral

- Protege a medula espinhal e os nervos espinhais.
- Suporta o peso do corpo.
- Fornece um eixo parcialmente rígido e flexível.
- Sustenta a cabeça.
- Proporciona flexibilidade ao corpo.
- Participar ativamente da locomoção e das diferentes posturas que o corpo pode assumir.

Agora voltamos a pergunta inicial, por que é importante manter a coluna vertebral alinhada em exercícios de Neuromeditação®? Porque devemos não apenas prevenir, como também tratar, uma série de problemas a partir de nossa coluna.

Uma boa postura, não apenas alinha nossos chakras (centros de energia) como também cuida da nossa saúde como um todo.

Conforme já compreendemos nesta obra, além de refletir a maneira como enfrentamos a vida e lidamos com nosso corpo, a postura corporal reflete também nosso estado mental, físico e emocional e, por isso, na prática de Yoga, cuidamos da saúde de nossa coluna com base nas posturas psicofísicas, motivo também pelo qual adicionamos alguns movimentos de libertação e alinhamento corporal do Yoga em nosso manual de Neuromeditação®.

Ter uma postura errada cansa e compromete os músculos do corpo e pode desencadear problemas de saúde, hiperlordose lombar, comprometimento cervical, hipercifose (postura corcunda), dentre outros...

Compreenda um pouco mais sobre a intrínseca relação existente entre a nossa postura e a nossa saúde.

Divisão da coluna vertebral

A coluna vertebral se estende do osso occipital, na base do crânio, até o osso do quadril, chamado ilíaco. É formada por 33 vértebras, divididas em 5 segmentos, conforme mostrado na figura e descrito a seguir:

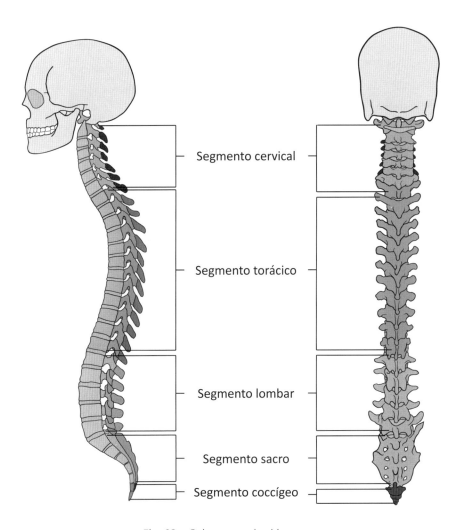

Fig. 03 - Coluna vertebral humana

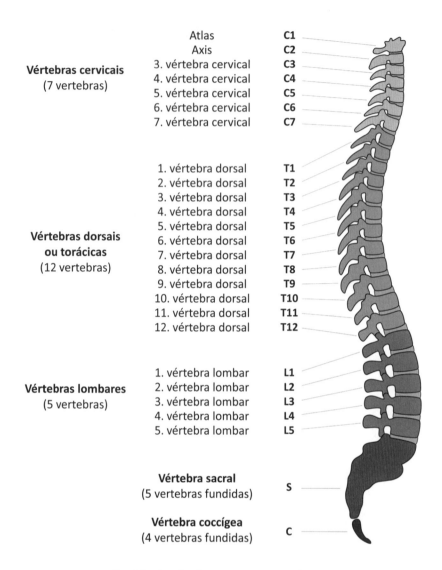

Fig. 04 - As vértebras e suas nomenclaturas

Segmento Cervical

Constituído por sete vértebras (de C1 a C7), o segmento cervical tem as duas primeiras formas atípicas. Por sustentar a cabeça, a C1 é também chamada de Atlas, uma alusão ao mítico deus grego que sustentava o mundo nas costas; além disso, ela protege vasos sanguíneos importantes que irrigam a cabeça e tem íntima relação com o osso occipital: juntos, eles realizam movimentos complexos, principalmente os de flexão (rolamento posterior do crânio) e de extensão (rolamento anterior do crânio). A C2 é também chamada Áxis [do latim *axis*, "eixo"] por servir de eixo à rotação da C1. A C7 é conhecida como vértebra de transição por ter também características de uma vértebra torácica superior.

Cervicais

C1 – Relaciona-se com a glândula pituitária e com o fornecimento de sangue para a cabeça e os ouvidos.

- Em equilíbrio e alinhada: melhora o sistema imunológico e a irrigação cerebral.
- Em desequilíbrio e desalinhada: provoca tensão, estresse, insônia, agitação interior, dores de cabeça (ou enxaquecas), pressão alta, fadiga crônica, vertigem e tonturas.

C2 – Relaciona-se com todas as musculaturas da face e dos olhos.

- Em equilíbrio e alinhada: alívio significativo das dores de cabeça; sensação de paz interior e de tranquilidade e melhora na qualidade de sono e de vida.
- Em desequilíbrio e desalinhada: dor de cabeça ao redor dos olhos, neurites, surdez e sinusites.

C3 – Relaciona-se à pele, aos ouvidos e aos nervos faciais.

- Em equilíbrio e alinhada: melhoria na audição, no equilíbrio e nos problemas de pele.
- Em desequilíbrio e desalinhada: neuralgia, febres e erupções na pele.

C4 – Relaciona-se à boca e ao nariz.

- Em equilíbrio e alinhada: maior vitalidade, disposição, expressão afetiva e resistência.
- Em desequilíbrio e desalinhada: reações alérgicas, secreções nasais e comprometimento da audição.

C5 – Relaciona-se às cordas vocais e à glândula tireóide.

- Em equilíbrio e alinhada: fortalecimento da capacidade pulmonar, da respiração e da assertividade na comunicação.
- Em desequilíbrio e desalinhada: dor de garganta (amigdalite), rouquidão, tosses crônicas e laringite.

C6 – Relaciona-se aos músculos do pescoço e as amígdalas.

- Em equilíbrio e alinhada: maior flexibilidade no pescoço, fortalecimento do sistema imunológico.
- Em desequilíbrio e desalinhada: dor nos braços, tensão no pescoço, torcicolo e dor nos ombros.

C7 – Relaciona-se aos ombros e aos cotovelos.

- Em equilíbrio e alinhada: ombros relaxados e soltos, sensação de libertação e tranquilidade.
- Em desequilíbrio e desalinhada: bursite, tendinite, tensões e bloqueios nos ombros e braços. Sensação de sobrecarga emocional.

Segmento Dorsal ou Torácico

Apresenta 12 vértebras (de T1 a T12). Articula-se com as costelas, formando uma caixa que protege órgãos vitais, como coração, pulmão e fígado, além de estar relacionado com os movimentos respiratórios de inspiração e expiração.

Devido à sua junção com as costelas, tem menor mobilidade do que os segmentos cervical e lombar.

Torácicas

T1 – Relaciona-se aos braços, mãos, punhos, dedos, esôfago e traqueia.

- Em equilíbrio e alinhada: melhora a força, a flexibilidade e a mobilidade nos membros superiores.
- Em desequilíbrio e desalinhada: dores nos ombros, antebraços e mãos.

T2 – Relaciona-se ao coração e às artérias.

- Em equilíbrio e alinhada: melhora a circulação e as funções cardíacas.
- Em desequilíbrio e desalinhada: problemas cardíacos e relacionados à caixa torácica.

T3 – Relaciona-se aos pulmões, brônquios e peito.

- Em equilíbrio e alinhada: melhora da oxigenação do organismo e da função pulmonar, cardíaca e respiratória.
- Em desequilíbrio e desalinhada: bronquite e problemas respiratórios em geral.

T4 – Relaciona-se à vesícula biliar.

- Em equilíbrio e alinhada: melhora da digestão e do funcionamento intestinal.
- Em desequilíbrio e desalinhada: problemas da vesícula, herpes zoster e cólica biliar.

T5 – Relaciona-se ao fígado e à circulação em geral.

- Em equilíbrio e alinhada: melhora da função hepática e da absorção dos nutrientes e vitaminas, bem como, sua distribuição homeostática para todo o corpo.
- Em desequilíbrio e desalinhada: problemas de fígado e de circulação, anemia e artrite.

T6 – Relaciona-se ao estômago.

- Em equilíbrio e alinhada: boa digestão.
- Em desequilíbrio e desalinhada: refluxo gástrico, cólica estomacal, indigestão, azia, esofagite e gastrite.

T7 – Relaciona-se ao pâncreas e ao duodeno.

- Em equilíbrio e alinhada: melhora do nível de glicose no sangue.
- Em desequilíbrio e desalinhada: afecções do pâncreas e úlceras.

T8 – Relaciona-se ao baço.

- Em equilíbrio e alinhada: melhora da circulação sanguínea, da pressão arterial e do funcionamento do sistema linfático.

- Em desequilíbrio e desalinhada: baixa imunidade, formigamento, hipertensão, varizes, vascularização comprometida.

T9 – Relaciona-se às glândulas suprarrenais.

- Em equilíbrio e alinhada: equilíbrio de hormônios específicos; regulação da autopreservação e da harmonização metabólica e diminuição de quadros alérgicos e melhor imunidade.

- Em desequilíbrio e desalinhada: estresse excessivo, desequilíbrio hormonal e reações alérgicas.

T10 – Relaciona-se aos rins.

- Em equilíbrio e alinhada: melhora da filtragem do sangue para eliminar substâncias nocivas ao organismo, como amônia, ureia e ácido úrico e atua especificamente secretando substâncias importantes para a saúde.

- Em desequilíbrio e desalinhada: problemas renais, cansaço crônico, infecção urinária e cálculo renal.

T11 – Relaciona-se à uretra.

- Em equilíbrio e alinhada: melhor mobilidade intestinal e uretral.

- Em desequilíbrio e desalinhada: incontinência urinária e problemas na bexiga.

T12 – Relaciona-se ao intestino delgado e à circulação linfática.

- Em equilíbrio e alinhada: aumento da fertilidade e do equilíbrio dos sistemas linfático e reprodutor e trata do equilíbrio dos fluidos do corpo, em geral.

- Em desequilíbrio e desalinhada: doenças reumatoides, cólicas e esterilidade.

Segmento Lombar

É formado por cinco vértebras (de L1 a L5), as maiores e mais pesadas vértebras da coluna, em virtude de receberem maior sobrecarga e de se conectarem a músculos mais fortes e pesados.

Lombares

L1 – Relaciona-se ao intestino grosso.

- Em equilíbrio e alinhada: melhor controle intestinal e dos esfíncteres.
- Em desequilíbrio e desalinhada: constipação, diarreia e incontinência urinária.

L2 – Relaciona-se ao apêndice, ao abdômen e às pernas.

- Em equilíbrio e alinhada: aumento da força e da mobilidade dos membros inferiores.
- Em desequilíbrio e desalinhada: câimbras, cólicas, varizes e fraqueza nas pernas e nas musculaturas inferiores do corpo.

L3 – Relaciona-se aos joelhos, órgãos sexuais e útero.

- Em equilíbrio e alinhada: regulação do ciclo menstrual e dos hormônios sexuais.
- Em desequilíbrio e desalinhada: problemas menstruais, impotência, dor e desalinhamento nos joelhos.

L4 – Relaciona-se à próstata, ovários, músculos lombares e nervo ciático.

- Em equilíbrio e alinhada: melhor função da próstata, dos ovários e da irrigação das pernas.
- Em desequilíbrio e desalinhada: dor ciática, dor nas costas e desconfortos em geral na região lombar.

L5 – Relaciona-se às panturrilhas, tornozelos e pés.

- Em equilíbrio e alinhada: melhora das disfunções ciáticas e lombares.
- Em desequilíbrio e desalinhada: circulação deficiente das pernas e inchaço nos pés e tornozelos.

Segmento Sacro

Com cinco vértebras sacrais fundidas (de S1 a S5), o sacro tem a forma de triângulo invertido, com a base ou lado mais largo para cima, onde se articula com a vértebra lombar L5, e o vértice ou ápice para baixo, onde se articula com o cóccix. Lateralmente, liga-se aos ossos ilíacos pela articulação sacroilíaca.

Sacro

S – Relaciona-se à região glútea e quadril.
- Em equilíbrio e alinhada: regula a estabilidade do quadril e das pernas.
- Em desequilíbrio e desalinhada: dor lombar (lombalgia) e restrição sacroilíaca.

Segmento Coccígeo

Extremidade final da coluna vertebral, o cóccix ou segmento coccígeo é constituído de quatro vértebras fundidas, cada uma das quais é um pouco menor que a anterior.

A coluna vertebral tem curvaturas anatômicas e fisiológicas fundamentais para a manutenção do equilíbrio corporal: duas convexas (uma na região cervical e outra na lombar), chamadas lordoses, e duas côncavas (uma na região torácica e outra na sacral), denominadas cifoses.

Cóccix

C – Relaciona-se à porção inferior do intestino e do reto.
- Em equilíbrio e alinhada: melhora da constipação e dificuldades na evacuação.
- Em desequilíbrio e desalinhada: alterações no trânsito intestinal, hemorroidas e dor lombar, especialmente ao sentar.

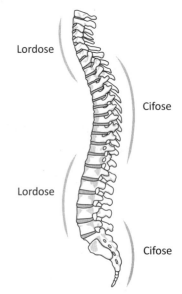

Fig. 05 - Lordoses e cifoses

Discos Intervertebrais

O disco intervertebral é um disco de cartilagem localizado entre vértebras adjacentes da coluna vertebral (exceto entre a C1 e a C2), que não apenas possibilita a propagação dos movimentos às vértebras, mas também assegura que elas permaneçam unidas. Anatomicamente, é formado por dois componentes: o anel fibroso e o núcleo pulposo (Fig. 06).

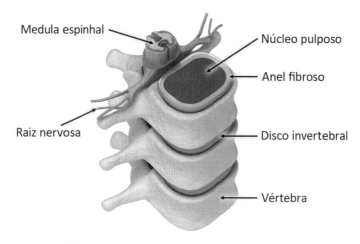

Fig. 06 – Disco intervertebral

O anel fibroso é composto por uma série de camadas de fibras colágenas dispostas de forma espiral, as quais encapsulam o núcleo pulposo, que é formado por fibras soltas suspensas num líquido viscoso, rico em ácido hialurônico, juntamente a uma pequena quantidade de colágeno.

Essas estruturas variam de forma, tamanho e espessura ao longo da coluna vertebral, compreendendo cerca de um quarto da totalidade do seu tamanho. Além de separar as vértebras umas das outras, o núcleo pulposo, por sua capacidade de se deformar quando submetido à pressão, participa dos mecanismos de absorção de choques e distribuição de forças, equilibrando tensões. Em indivíduos jovens, ele é relativamente maior; com o tempo, porém, vai sendo gradativamente substituído por fibrocartilagem, processo conhecido por degeneração. Em outras palavras, com o passar dos anos, o núcleo pulposo, que era claramente distinto dos anéis fibrosos, sofre um processo de desidratação que o torna degenerado e, consequentemente, com menor capacidade de absorver os choques da coluna no dia a dia, o que, por sua vez, acelera o desgaste natural das vértebras.

Tratando-se de um eixo físico e energético de nosso corpo, a coluna transmite informações essenciais para nossa saúde; uma ponte de comunicação de nossos sistemas que os articula e sustenta. Quando nos referimos à coluna e às suas articulações, precisamos refletir sobre a importância de "articular-se" na vida, relacionando-nos equilibradamente com o outro e com o nosso eu, com flexibilidade e maleabilidade. Viver é relacionar-se. Para uma vida plena, precisamos exercitar a plasticidade. A cultura *yogi* ensina que nossa coluna e nossas emoções devem ser inspiradas em um bambu. Quando a tempestade chegar, você pode se flexionar para todos os lados, mas não deve se quebrar.

Construa uma coluna e um coração fortes, mas flexíveis! Como diz o compositor Walter Franco, "tudo é uma questão de manter a mente quieta, a espinha ereta e o coração tranquilo".

Prānāyāmas: regulação da energia vital pela respiração

Inspira, expira e não pira!

Idiomas de expressão de muitas tradições religiosas costumam ter uma só palavra para designar os conceitos de espírito e de respiração ou alento divino que anima toda forma de vida: é assim no latim (*spiritus*), no grego (*pneuma*) e no hebraico (*ruach*). Respirar conscientemente encoraja nossa alma a um verdadeiro milagre a cada segundo, a cada inspiração, é abraçar a oportunidade de evoluir a cada pequeno momento disponibilizado pela vida.

Pare tudo o que você está fazendo agora e preste atenção na sua respiração. Inspire e expire profunda e lentamente. Este é o momento mais importante da sua vida: o sagrado aqui e agora, o único no qual você pode viver, sentir, ser e amar profundamente.

Como está a sua respiração agora? Profunda, abdominal, superficial? Muito bem... Sua respiração representa claramente sua ferramenta de comunicação com o outro e com seu próprio mundo emocional. Segundo Hermógenes:

> A ciência ocidental considera a respiração tão somente como um fenômeno fisiológico a mercê do qual o organismo utiliza o oxigênio do ar a fim de, com ele, efetuar as transformações químicas necessárias para que o sangue possa distribuir e nutrir todas as células. Sendo assim, parar de respirar é o mesmo que morrer. No Yoga, a respiração, no entanto, é muito mais que um fator fisiológico. É também psicológico e prânico. Em virtude de fazer parte dos três planos, fisiológico, psíquico e prânico, a respiração é um dos atos mais importantes de nossa vida.

É por seu intermédio que podemos conseguir acesso a todos eles. Por outro lado, é ela o único processo fisiológico duplamente voluntário e involuntário. Se quisermos, podemos acelerar, retardar, parar e recomeçar o ritmo respiratório. É-nos possível fazê-la mais profunda ou mais superficial. No entanto, quase todo o tempo, esquecemo-nos dela inteiramente, deixando-a por conta da vida vegetativa.

(Hermógenes, 2007, p. 95)

Observe que, quando você se estressa, fica tenso, ansioso ou nervoso, a primeira coisa que muda é a sua respiração. Se você respirar de forma lenta, pode alterar positivamente suas reações corporais e seu estado energético. A respiração é o que nos mantém vivos, mas muitas vezes, muitos de nós não pensam na importância dela em nossas vidas. Estudos demonstram que utilizamos somente cerca de 60% de nossa capacidade pulmonar, o que indica que realizamos uma respiração alta, rápida e ansiosa, que propicia o desenvolvimento de diversas psicopatologias.

A profundidade, o ritmo e a intensidade de nossa respiração definem nossos processos internos. Olhar a respiração como um mero mecanismo fisiológico é o mesmo que não compreender que somos seres espirituais passando por uma experiência humana, ou seja, é uma grande alienação. Pela respiração, conectamo-nos com profundos aspectos de nossa existência. Quando você movimenta a sua respiração, está movimentando todo o seu corpo e todo o seu ser junto a ela.

Respirar mal afeta nossa saúde em diversos níveis, podendo até nos levar à morte. Uma pessoa respira cerca de 23 mil vezes por dia, e se faz isso de forma errada, ela perde 23 mil oportunidades de inspirar saúde para o seu corpo a cada dia. Respirar bem nos alimenta de *prāna*, energia vital, e nutre todo o nosso organismo energeticamente. Respirar corretamente traz saúde e vida.

O nascimento é um dos primeiros traumas de vida de um ser vivo. Com ele, ocorre o primeiro grande impacto, tanto físico (especialmente em sua coluna) quanto psicológico, saindo de sua zona de conforto e segurança e acessando, pela primeira vez, um novo mundo, completamente desconhecido. *Renascer* significa literalmente "romper com o cordão umbilical", momento em que se inicia nosso primeiro desafio respiratório, bem como nosso primeiro passo para a independência nesta morada chamada Terra. Repentinamente, nosso espírito se vê obrigado a desenvolver funções fisiológicas, emocionais e anatômicas, até então desconhecidas, para garantir sua sobrevivência.

Em nossos primeiros anos de vida, ainda conectados com a nossa natureza interior e desintoxicados das "distrações" do plano material, desenvolvemos uma respiração mais harmônica e conectada com um ritmo que beneficia a saúde. Não podemos generalizar, mas bebês e crianças, em sua maioria, são menos vítimas de estresse, ansiedade e outros condicionamentos negativos extremamente presentes na vida adulta e alimentados por nossa cultura altamente ansiosa e hiperativa, que impacta diretamente a qualidade da respiração.

O bebê traz consigo qualidades inatas de harmonia, tranquilidade e conexão com a vida. Gradativamente, seu sistema nervoso simpático vai sendo estimulado para que os músculos se movimentem e se fortaleçam. Entretanto, em determinada fase de seu desenvolvimento, a criança começa a ser condicionada a mudar seu padrão de respiração pelos familiares, pelas neuroses herdadas, pela educação, pelo modelo de aprendizado, pela competitividade, pela cultura e até pelas relações sociais estabelecidas. Desse modo, ela acaba perdendo sua respiração abdominal e sua tranquilidade.

Precisamos aprender a ser criança novamente! Precisamos nos conectar com o todo, permitindo que o universo aja como a grande mãe que fornece o alimento espiritual necessário para nos manter fortes e saudáveis. Precisamos acolher a criança que habita em nós, junto a tudo o que ela tem a nos ensinar. Reaprender a respirar é mais do que dever para com nosso próprio corpo e evolução pessoal. É um chamado de nossa alma para resgatar a saúde e o equilíbrio. Ao exercitarmos corretamente os quase 23 mil movimentos respiratórios diários, projetando a barriga para fora e para dentro no vaivém do diafragma, conseguimos massagear nossos órgãos abdominais, melhorar nosso metabolismo, reduzir o estresse e a ansiedade, além de desenvolver o autocontrole e a conexão com nosso coração.

O que é um *prānāyāma*?

Prānāyāmas [do sânscrito *prāna*, "energia vital" + *ayāma*, "expansão", "ampliação"] são exercícios respiratórios da tradição do Yoga que objetivam absorver e ampliar o nível de energia vital em nosso corpo, de modo a termos controle sobre ela. Respirar plenamente exige que utilizemos toda a estrutura ósseo-muscular do nosso tronco, o que aumenta a elasticidade dos pulmões, a capacidade cardíaca e a mobilidade do aparelho muscular-respiratório e, consequentemente, propicia maior absorção de oxigênio, purificação do sangue e revitalização de todo o organismo. A respiração profunda massageia os órgãos internos, estimula o bom funcionamento de todo o corpo e favorece a homeostase. Esses são benefícios físicos; os *prānāyāmas*, porém, propiciam muito mais do que isso. Quando falamos de *prānāyāmas*, estamos falando de uma energia que confere vida. *Prānāyāmas* são, portanto, meios de aumentar a vitalidade. São descritos nos *Yogasūtras,* de Patañjali, como "práticas de controle das forças sutis", o que é confirmado pelo *Hatha Yoga de Pradīpikā,* um guia clássico do século 14 para a prática de Hatha Yoga:

> (II: 2) Se o vento [*Vāta*] for irregular, a mente [*Citta*] será irregular; quando [a respiração] ficar regular, tornará [a mente] regular. O *Yogin* atingirá a estabilidade pelo controle do vento [*Vāyu*].
>
> (II. 3) Enquanto o vento [*Vāyu*] está firme no corpo, ele é chamado de ser vivo, e de morto naquele em que não atua. Portanto, deve-se controlar o vento [*Vāyu*].
>
> [...]
>
> (II: 5) Quando se limpam todas as impurezas das *Nādīs* e dos *Chakras*, então o *Yogin* poderá adquirir controle sobre o *Prāna*.
>
> (Svātmārāma apud Martins, 2017, p. 59-60)

A respiração é o que inicia e o que encerra nossas vidas. Podemos nos manter vivos sem nos alimentar e beber água por alguns dias, sem nos relacionar com as outras pessoas, sem enxergar, sem ouvir ou sem caminhar. Mas sem respirar, literalmente daríamos nosso último suspiro em menos de 3 minutos.

Respirar está associado também a todas as formas de expressão e de movimento, inclusive ao dinamismo dos processos mentais; por isso, pode conduzir à meditação ou a outros estados de consciência, propiciando até mesmo o acesso ao inconsciente (Borella, 2007). Os exercícios respiratórios têm registros antigos em todas as partes do globo. Com benefícios comprovados por vários estudos científicos, os exercícios respiratórios vêm sendo cada vez mais utilizados nas áreas complementares e nas tradicionais de saúde, como a Fisioterapia, a Psicologia, a Educação Física, a Fonoaudiologia, a Enfermagem e a Medicina.

Segundo Jung:

> [...] liga o corpo à totalidade do espírito, coisa que se pode ver claramente nos exercícios de *prānāyāma*, onde o *prana* é ao mesmo tempo a respiração e a dinâmica universal do cosmos. Como a ação do indivíduo é ao mesmo tempo um acontecimento cósmico, o assenhoreamento do corpo (inervação) se associa ao assenhoreamento do espírito (da ideia universal), resultando aí uma totalidade viva que nenhuma técnica, por mais científica que seja, é capaz de produzir. Sem as representações da Yoga, seria inconcebível e também ineficaz a prática da Yoga. Ela trabalha com o corporal e o espiritual unidos um ao outro de maneira raramente superada.
>
> (Jung, 1982, p. 55)

Dicas essenciais:

- Respire profundamente.
- Absorva o *prāna*, a energia vital.
- Conecte-se com a força cósmica!
- Sinta o ar penetrando pelas narinas, percorrendo os condutos respiratórios e chegando aos pulmões.
- Sinta a energia da luz sendo absorvida e transmitida para cada célula, músculo, nervo, órgão, tendão e articulação do seu corpo.
- Conecte-se, sinta e absorva a luz da vida!
- Não termine seu dia sem experienciar algo que faça seu coração vibrar, mesmo que pareça loucura.

- Não viva o constante vazio de dias cheios e sem profundidade.
- Molhe-se na chuva, ame um desconhecido, sorria para alguém, aprenda algo novo sobre você, encante-se pela beleza do simples e, mesmo numa selva de asfalto, sinta o poder da natureza.
- Em todo momento, sinta a energia prânica pulsando em você.
- O elemento Ar nos lembra de que toda realidade tem uma dimensão sutil, invisível e essencial. Que tudo está em constante movimento.
- Inspire profundamente.
- Sinta a bioenergia.
- Preencha seus pulmões de luz.
- Sinta a vida pulsando em você.
- Sinta-se como uma sagrada parte do Todo.
- Perceba que você habita o Universo e que Ele habita você.
- Inspire luz, expire amor.
- Conecte-se com sua verdadeira natureza e descubra que, no simples fato de respirar, reside a força da criação.
- Respire fundo, ame e sinta gratidão! A vivência do amor, recompensa todas as experiências da vida.
- Inspire, medite, conheça-se, ilumine-se, relaxe.
- Seja luz! Seja a sua essência, ESSENCIAL'MENTE!

A respiração completa na prática

Para realizarmos uma respiração completa, precisamos estimular todas as partes de nosso aparato respiratório: a parte baixa, a média e a alta, ou seja, a abdominal, a torácica e a subclavicular, respectivamente.

Fig. 07 - Tipos de respiração: baixa, média e alta

Quadro: Prāṇāyāmas de respiração baixa, média e alta

Tipos de respiração	Descrição
Adhama prāṇāyāma (respiração baixa ou abdominal)	Inspire expandindo o seu abdômen e expire retraindo-o. Lembre-se de como respira um bebê ao dormir: de forma ampla e tranquila, sem estresse nem preocupação. Assim deve ser a sua respiração.
Madhyana prāṇāyāma (respiração média ou torácica)	*Madhyana* [do sânscrito, "meio"] é uma respiração associada às costelas. Quando inspiramos, elas se projetam para fora, o que você pode comprovar colocando suas mãos nas costelas, nas laterais da caixa torácica, e percebendo o movimento de expansão dos músculos.
Uttama prāṇāyāma (respiração alta ou subclavicular)	Inspire permitindo que os ombros se projetem para cima, para a região subclavicular, preenchendo de energia a parte superior dos pulmões.

A importância da respiração nasal

Lembre-se sempre de que a boca foi feita para comer e as narinas para respirar. Sua respiração deve ser exclusivamente nasal, absolutamente, sempre. Quando você respira utilizando a boca, o ar não é filtrado corretamente e as impurezas são conduzidas diretamente aos seus pulmões. Respirar pela boca gera inúmeras disfunções, como ressecamento das narinas, alterações dentárias, problemas de digestão, falta de ar, respiração errada, ansiedade, dor de cabeça, alteração na estética facial, alergias, infecções pulmonares, insônia, ronco, dentre outras.

As quatro fases da respiração

Uma respiração completa apresenta quatro fases, conforme descrito no quadro a seguir:

Fases	Descrição
1ª) *Pūruka*: inspiração ou inalação.	A inspiração deve ser suave, lenta e o mais profunda possível, fazendo expandir a caixa torácica. Uma inspiração consciente mantém o autocontrole e propicia a paz interior.
2ª) *Kūmbhaka*: retenção da respiração com pulmões cheios.	Praticar conscientemente a apneia com ar nos pulmões amplia nossa capacidade pulmonar, permite maior assimilação e distribuição do prāna pelo organismo e desenvolve a paciência e a introspecção.
3ª) *Rechaka*: expiração.	A expiração deve ser tão lenta e consciente quanto a inspiração, de modo a desenvolver o controle da impulsividade e da ansiedade.
4ª) *Shūnyaka*: retenção da respiração com pulmões vazios.	Apneia sem ar nos pulmões é um dos maiores exercícios para combater hábitos negativos, vícios e ansiedades, pois ensina o praticante a lidar com desafios e a controlar seus instintos.

Um ciclo respiratório (*kala*) é constituído de pelo menos duas etapas: inspiração e expiração. Um ciclo completo engloba uma inspiração, uma retenção com ar nos pulmões, uma expiração e uma retenção sem ar nos pulmões. Para cada uma dessas etapas, costuma-se fazer uma contagem de tempo: cada tempo (*matra*) equivale a mais ou menos 1 segundo.

Caso você seja um praticante iniciante na execução de exercícios respiratórios, sugiro que inicie com um número menor de ciclos ou *kalas* e vá gradualmente aumentando esse número, de acordo com o seu tempo e seu ritmo pessoal.

A importância da respiração diafragmática

Como vimos, respirar é o nosso primeiro e último ato neste Planeta. O "primeiro sopro" traz a vida no momento da encarnação e o "último suspiro" cessa a vida no momento do desencarne. Respirar é a manifestação da própria vida!

A primeira inspiração profunda desencadeia impactantes mudanças em todo o nosso organismo, especialmente no sistema circulatório, que até então somente recebia o sangue oxigenado através da placenta. Quando inspiramos, os pulmões são preenchidos de sangue e os dois lados do coração (esquerdo e direito) se transformam em duas bombas, responsáveis não somente por distribuir o oxigênio necessário aos processos fisiológicos, mas também por nutrir todo o organismo com a bioenergia do *prāna*.

O aparato respiratório e a coluna vertebral estão intimamente conectados. Ao longo de nossa coluna, existem inúmeras terminações nervosas que se ligam a diversos órgãos do corpo, formando uma rede de comunicação através da qual o cérebro e a medula espinhal recebem e enviam as informações que nos permitem reagir às diferentes situações originadas no meio externo ou interno. Assim sendo, qualquer desalinhamento estrutural pode comprometer nossa saúde, já que o tronco é o centro do nosso corpo e sua vitalidade impacta diretamente nosso padrão de qualidade de vida. Uma boa respiração cuida de nossa coluna, bem como uma boa postura contribui para que possamos respirar melhor. Os pulmões, por sua vez, ocupam um espaço tridimensional dentro da cavidade torácica:

Quando ocorre uma mudança nesse espaço que ocasiona a movimentação do ar, a mudança de forma é tridimensional. Mas especificamente a inspiração exige que a cavidade torácica expanda seu volume de cima para baixo, de um lado para o outro, de frente para trás, e a expiração envolve a redução do volume nessas mesmas três dimensões. Pelo fato de a mudança de forma torácica estar intimamente ligada à mudança de forma abdominal, é possível também dizer que essa cavidade sofre uma alteração de forma (não de volume) tridimensional: pode ser comprimida de cima para baixo, de um lado para o outro e de frente para trás. Em um corpo vivo que respira, a cavidade torácica não conseguirá mudar de forma sem que a abdominal faça o mesmo. Por isso a condição da região abdominal influencia tanto na qualidade da nossa respiração, além de ter um efeito poderoso sobre a saúde de nossos órgãos abdominais.

(Kaminoff; Matthews, 2013, p. 7.)

Os movimentos tridimensionais do abdômen citados são produzidos especialmente por um músculo de extrema importância em nossa síntese respiratória: o diafragma (ilustração na figura a seguir). O diafragma é o motor primário das mudanças de forma e de volume das cavidades torácica e abdominal por ser o ponto de fixação de importantes estruturas, entre as quais as seguintes membranas: a pleura, que envolve e protege os pulmões contra atritos e contribui para a oxigenação sanguínea; o pericárdio, que envolve o coração e atua como facilitador dos batimentos cardíacos e o peritônio, que envolve, reveste e sustenta muitos órgãos abdominais. Numa reação em cadeia, a movimentação do diafragma repercute nessas membranas e, por extensão, nos órgãos ligados a elas; de forma semelhante, a alteração de alguns desses órgãos pode favorecer ou prejudicar a função do diafragma e, consequentemente, da respiração. Você pode até não ter conhecimento de toda essa estrutura interna do seu organismo, mas pode verificar, na prática, que tudo está conectado. Por exemplo, se você comer exageradamente, limitará os movimentos diafragmáticos e dificultará sua respiração; em contrapartida, se realizar uma respiração profunda, consciente e educada, vai massagear e estimular todos os seus órgãos abdominais e fazer uma verdadeira limpeza interna em seu organismo.

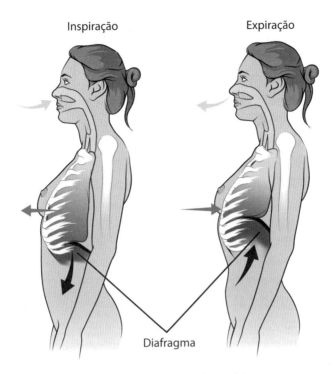

Fig. 08 - Respiração diafragmática

Precisamos, pois, exercitar corretamente a respiração diafragmática, praticando *prāṇāyāmas* a fim de estimular nossos órgãos abdominais, oxigenar melhor todo o organismo, aumentar nossa saúde e nossa consciência corporal e desenvolver o autocontrole. Mesmo os mais céticos, os que não acreditam na existência da energia vital, podem se beneficiar enormemente com esses exercícios respiratórios.

Campo Áurico e Medicina Energética

A medicina da energia sutil envolve a compreensão da relação existente entre os campos elétricos, magnéticos e eletromagnéticos, bem como o som, a luz e outras formas de energia. Albert Einstein, assim como outros cientistas, abalou o universo newtoniano ao afirmar que os seres humanos não são ilhas isoladas em si mesmas. Somos constituídos de energia e campos de energia, e estamos interconectados com tudo e com todos. Tal como uma teia, absolutamente tudo está em constante comunicação com todo o cenário cósmico, inclusive nossos pensamentos não audíveis, em nossos desejos secretos e na vibração do mais minúsculo átomo dentro de nós.

Podemos pensar a energia como um *continuum* que varia do mais denso, ao menos denso ou sutil. A natureza da energia é sempre a mesma, mas a energia se manifesta em graus diferentes de densidade. Tudo o que podemos perceber com nossos sentidos e está sujeito às leis naturais apresentadas por cientistas clássicos, como Isaac Newton, por exemplo, é uma manifestação densa ou sensorial de energia. Já a nossa intuição, as nossas emoções, os nossos pensamentos são exemplos de manifestação sutil de energia. Essa energia sutil se desloca em velocidades mais rápidas do que a da luz e segue as leis da mecânica quântica. Apesar de não ser uma energia tradicionalmente mensurável, a ciência tem trazido profundas contribuições para sua comprovação e compreensão.

Cada célula, cada músculo, cada órgão do nosso corpo pulsa com eletricidade. *Biocampos* ou *campos biomagnéticos* são termos frequentemente utilizados para fazer referência a campos vibracionais que se combinam. O campo biomagnético de uma pessoa pode se entrelaçar e trocar energias com o de outra pessoa. A intenção ou vontade é a principal ferramenta para gerarmos mudanças positivas em nossa vida ou impactar energeticamente outras pessoas. Dois ou mais objetos ou partículas que estejam interconectados em pensamento ou energia, mesmo que distantes fisicamente, podem afetar um ao outro. Podemos desenvolver mudanças vibracionais em outras pessoas pelo simples fato de vibrar positiva ou negativamente por elas. Uma simples conexão mental e energética é suficiente para criar uma conexão no biocampo universal. E como a energia sutil e a energia sensorial são permutáveis, podemos trabalhar a sutileza das emoções e dos pensamentos, e vice-versa, fato que explica a eficácia das terapias holísticas, como, por exemplo, o Reiki: apesar de atuar diretamente no corpo sutil, muitas vezes ele impacta diretamente a saúde do corpo físico.

Atualmente, existem diversas terapias energéticas, integrativas e holísticas que nos permitem harmonizar energeticamente o campo vibracional de outras pessoas. Esse trabalho se torna ainda mais incrível e é de uma beleza imensurável quando podemos desenvolver o nosso processo de autocura, o que ocorre quando descobrimos, em nossas próprias mãos, ferramentas válidas para que possamos aprimorar a intimidade com a nossa própria essência, como a meditação e a respiração consciente, por exemplo. Energia é informação, e toda matéria, inclusive a célula humana, é criada a partir da energia dos átomos.

> Os átomos são compostos por prótons e nêutrons, que criam o peso dentro do átomo; por elétrons que conduzem carga e por pósitrons, que representam os antielétrons e ligam o átomo ao "anti-eu". Cada uma dessas unidades atômicas se desloca à sua própria velocidade e, quando combinada a outras unidades, criam certa oscilação ou vibração para o átomo – e é isso que conhecemos como um campo. Em outras palavras, o movimento produz pressão, e essa pressão cria ondas que se deslocam em um fluxo interminável em todas as direções.
>
> (Dale, 2013, p. 31)

Os praticantes de Neuromeditação®, quando trabalham com todos os campos – físico, emocional, espiritual e energético –, podem influenciar a saúde de cada estrutura celular e atômica do seu corpo, promovendo a autocura.

O campo de energia humano é composto pela aura e pelas *nādīs*, que estruturam nossos chakras e toda a fisiologia energética de nosso corpo. A aura é um conjunto de faixas de energia que correspondem a cada um dos chakras e que mudam gradativamente de frequência de acordo com a emanação desses centros de energia (fig. 10).

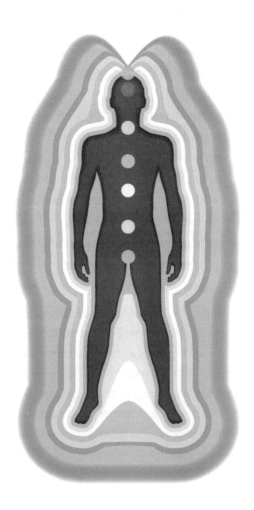

Fig. 10 - Campo áurico do ser humano

Os lugares, assim como todas as formas de vida, têm campos áuricos e emanam determinada vibração. Isso explica por que muitos sensitivos não se identificam com determinadas pessoas ou não se sentem bem em determinados lugares: eles se sentem energeticamente sugados, ou, como uma esponja, carregados de uma energia que não é a sua.

É importante mencionar também que, mesmo nessas circunstâncias, cada um de nós é o único responsável por sua própria vida e por sua energia: ninguém tem o poder de impactar ninguém negativamente se o outro estiver em equilíbrio e protegido energeticamente, com seus canais selados para não absorverem determinadas vibrações. É preciso aprender a se proteger, e a Neuromeditação®, o Yoga e o Reiki são ferramentas valiosas para driblar essas invasões e adversidades energéticas, mantendo em harmonia o seu campo áurico pessoal, bem como o de seu espaço de trabalho ou residencial. Você é o único responsável pela sua própria energia. Portanto, cuide dela com amor.

Cada um desses campos áuricos se abre e se fecha continuamente para diferentes vibrações, permitindo uma troca de informações entre o mundo externo e o mundo interno. Cientistas vêm confirmando a existência da aura, fato que há milênios já constitui ferramenta de estudo e prática de diversas culturas da humanidade. Os cristãos sempre retrataram Jesus e outras figuras cercadas por halos de luz. As escrituras védicas, os ensinamentos da Ordem Rosa Cruz, os budistas, os hinduístas, a medicina chinesa e muitas tribos xamânicas descrevem o campo energético humano de forma detalhada. Os desenhos clássicos da Antiguidade, da Idade Média e até mesmo do Renascimento apresentavam os anjos e os santos envoltos por auréolas acima de sua cabeça. Pitágoras falou a respeito desse campo, a que os gregos se referiam como um corpo luminoso ilimitado.

Os antigos sábios védicos, que se dedicavam à realização do Eu em todas as dimensões, sempre fizeram menção a determinados campos energéticos, também de extrema importância, denominados *pancha koshas* e citados como os cinco revestimentos de energia que sustentam o espírito e devem ser cuidados e desenvolvidos em pleno equilíbrio: *annamaya kosha* – ou revestimento do alimento; *prānāyāma kosha* – ou revestimento da respiração; *manamaya kosha* – ou revestimento da mente;

vijnyanamaya kosha – ou revestimento do intelecto e *anandamaya kosha* – ou revestimento da bem-aventurança.

Eu sempre digo a meus alunos que devem ter cuidado para não achar que tudo é "espiritual" e, assim, envolver em um ar exclusivamente místico e esotérico um trabalho que é, na realidade, extremamente sério e científico. Nem tudo é somente espiritual e nem tudo é somente físico. Felizmente, estamos caminhando para um tempo em que a espiritualidade vai sendo gradualmente respeitada, da mesma forma que os estudos sobre os campos energéticos, oriundos especialmente do Oriente, tornam-se cada vez mais respaldados e aceitos. É chegado o momento de integrar todas as partes, por vezes soltas e desmembradas de nossa consciência, unindo coração, espírito e energia, e compreendendo a importância de nos cuidarmos em todas essas dimensões.

Quando aprendemos a ouvir nossa essência e a nos observar como um todo, expandimos a nossa consciência para um todo mais complexo do qual fazemos parte e entendemos que, quando nos iluminamos interiormente, iluminamos também tudo ao nosso redor. Finalmente compreendemos que para modificar algo externamente precisamos, antes de tudo, nos automodificar. Não importa se a pessoa não acredita em energia, em aura ou em dimensão espiritual; ainda assim ela poderá e será naturalmente transformada após a experiência com a meditação e a respiração. Sempre haverá uma linha, um caminho com o qual se identifique. Encontre o seu. Encontre-se!

Desperte sua consciência para todas as dimensões que compõem o seu Ser. Cuide-se integralmente e seja, ESSENCIAL'MENTE, a mudança que deseja ver no mundo!

A Mecânica Quântica

Você se torna aquilo que pensa. Sua vida é forçosamente o resultado de seus pensamentos. Melhore sua maneira de pensar. Pensamentos melhores, provocações melhores.

(Sivananda, 1978, p. 32)

Há pouco mais de cem anos, o físico Max Planck, na tentativa de compreender a energia irradiada pelo espectro da radiação térmica expressa como ondas eletromagnéticas, chegou à revolucionária *constante de Planck*, que subverteu os princípios da física clássica. Esse foi o início da trajetória da física ou mecânica quântica, que estuda os eventos que transcorrem nas camadas atômicas e subatômicas, ou seja, entre moléculas, átomos, elétrons, prótons, pósitrons e outras partículas. Albert Einstein, criador da Teoria da Relatividade, foi o primeiro a utilizar a expressão *quantum*, em uma pesquisa publicada em março de 1905, sobre as consequências dos fenômenos fotoelétricos, quando desenvolveu o conceito de fóton. A conexão da mecânica quântica com conceitos como não localidade e não causalidade, levou essa disciplina a uma ligação mais profunda com conceitos filosóficos, psicológicos e espirituais.

Por outro lado, a teoria da relatividade geral de Einstein permitiu investigar as grandes estruturas do nosso Universo, como as estrelas, os buracos negros e as galáxias, e descobrir que sua origem se deu há aproximadamente 13,7 bilhões de anos, a partir de uma grande explosão conhecida popularmente como Big Bang. Assim, partindo de uma singularidade, iniciou-se a dança cósmica que originou as inúmeras partículas que até hoje vibram em altas velocidades no interior da matéria e se camuflam, dando origem ao nosso mundo material, que nos parece sólido e em repouso.

Cinco anos antes de Einstein lançar a sua teoria da relatividade especial, precisamente em 1900, outro alemão, Max Planck, descobriu, segundo ele num ato de desespero, que o interior da matéria é constituído por níveis de energia associados aos números inteiros 1, 2, 3..., e por isso não havia continuidade no interior da matéria. Planck associou os níveis de energia a uma qualidade vibracional da matéria que é conhecida como frequência. A frequência está associada ao número de vezes que um fenômeno se repete no tempo. Por exemplo, [...] no caso das cores, o vermelho é a cor de mais baixa frequência no espectro visível, e o violeta a cor de mais alta frequência. Também sabemos que, quanto maior a frequência, maior a velocidade de propagação. Quando fornecemos energia para matéria, possibilitamos que partículas que se encontram em níveis mais baixos saltem para níveis mais altos, associados a uma dada frequência.

No caso da energia térmica, as partículas, quando saltam, tornam-se visíveis, pois expressam as cores do espectro de luz visível que vai do vermelho ao violeta.

A essas partículas de luz visível, em trânsito de uma órbita para outra, Planck chamou de *Quanta*, que veio dar origem ao nome "física quântica".

(Limaa, 2013, p. 31)

O trabalho do fotógrafo e pesquisador Masaru Emoto[3] ilustra essa relação de teia a qual Limaa se referia. Segundo ele, nossos pensamentos conseguem alterar a água em nível subatômico a ponto de influenciar a formação de cristais de gelo. A água é uma substância maleável, assim como nossos pensamentos e nossas emoções. Não podemos tateá-los, mas Emoto conseguiu mostrar, fotograficamente, que a estrutura molecular

---

3. N. A: no dia 3 de setembro de 2013, tive a honra de ganhar e receber em minha Clínica um convite para conhecer o trabalho do pesquisador e escritor Masaru Emoto, que estaria em minha cidade (Belo Horizonte) no dia 10 do mesmo mês, ministrando uma palestra denominada "Mensagens da água para uma vida saudável". Pude, assim, conhecer pessoalmente o pesquisador e seu trabalho. Posteriormente, reencontrei-o em São Paulo, em um simpósio de saúde, no qual ele fez uma palestra e eu apresentei um artigo científico.

da água se altera de acordo com as vibrações de nossos pensamentos, emoções e ações sobre ela. Ele congelou gotas de água e as examinou ao microscópio, descobrindo diferenças fascinantes. Cristais de águas poluídas e tóxicas das áreas industriais ou de regiões que viveram guerras e conflitos também mostraram estruturas distorcidas, desorganizadas, bem como os cristais formados após a expressão de palavras negativas ou formuladas com sentimentos negativos. Em contrapartida, a vibração de palavras de amor, de músicas usadas em musicoterapia, de áreas em que a natureza estava preservada levou a formações bem estruturadas e harmônicas (Emoto, 2004).

Fig. 11 - Reações de moléculas de água expostas à expressão verbal de diferentes sentimentos (Fonte: Emoto - 2004).

Se as vibrações e circunstâncias externas impactam diretamente a estrutura molecular da água e nós somos predominantemente constituídos de água, imagine, então, como o nosso pensar, fazer e agir impactam a nossa vida.

Reflita sobre a sua responsabilidade diante de um Planeta predominantemente composto por água, e sobre o tipo de energia que está irradiando, tendo em vista que você também é constituído de água. Somos células de um mesmo sistema, por isso não podemos machucar o outro sem nos machucarmos, ferir o outro sem nos ferirmos, amar o outro sem nos amarmos.

Comentando a passagem bíblica que diz que "No princípio era o Verbo, e o Verbo estava com Deus, e o Verbo era Deus. Ele estava no princípio com Deus. Todas as coisas foram feitas por ele, e sem ele nada do que foi feito se fez." (João, 1:1-3), Paramahansa Yogananda afirma:

> [...] "verbo" significa vibração inteligente, energia inteligente, emanando de Deus. A pronúncia de qualquer palavra, como "flor", expressa por um ser inteligente, consiste em energia sonora ou vibração, mas é o pensamento que impregna essa vibração de um significado inteligente. De maneira parecida, o verbo, que é o princípio e a fonte de todas as substâncias criadas, consiste na vibração cósmica impregnada de inteligência cósmica (consciência crística).
>
> (Yogananda, 2010, p. 26)

Hoje há uma forte tendência de unir os conceitos quânticos às teorias sobre a consciência. Estamos caminhando rumo a uma nova perspectiva científica, na qual saímos do papel de vítimas e nos tornamos autores de nossas próprias histórias.

Por isso, nem sempre o caminho do autoconhecimento é fácil. É necessário disposição e senso de responsabilidade para ser um agente de transformação da nossa própria vida.

Chakras e Fisiologia Energética

O registro mais antigo dos chakras é proveniente das Upanishads, tratados filosóficos acerca do conhecimento revelado dos Vedas, as escrituras sagradas do hinduísmo. Segundo esses tratados, os chakras se encontram e se fundem nas *nāḍīs*, canais invisíveis dentro do nosso organismo, condutores de *prāna*, a energia vital.

Há muitos e muitos milênios, quando nada se sabia sobre glândulas e funcionamento hormonal, os povos hindus escreveram obras citando pontos específicos do corpo, responsáveis pela manutenção física e energética do organismo. Posteriormente, com o avanço da ciência e dos estudos científicos sobre medicina, constatou-se que, exatamente nesses mesmos pontos citados pelos hindus, residiam as principais glândulas e plexos do organismo, responsáveis por regular todo o corpo. Os pontos energéticos profundamente estudados pelos hindus eram chamados de *chakras*.

Chakra é a denominação sânscrita dada aos centros de força existentes nos corpos sutis, pontos energéticos também chamados de *lótus* ou *rodas* (fig. 12). São centros energéticos e psíquicos, pelos quais as energias circulam pelo corpo. Quando esses centros estão em desarmonia, ocorrem desequilíbrios energéticos; quando harmonizados, promovem o desenvolvimento de diferentes aspectos da autoconsciência.

Não somos seres humanos que vez ou outra experienciam espiritualidade por meio da meditação, da religião ou da filosofia. Somos seres espirituais que experienciam, provisoriamente, uma experiência física. À nossa volta existe um enorme campo eletromagnético que pulsa, vibra, absorve e distribui energia constantemente. É por esses pontos energéticos que interagimos, absorvemos, filtramos e trocamos energia, com o meio externo e com as pessoas.

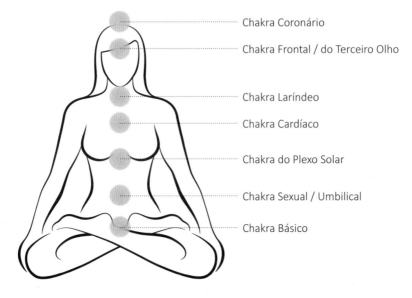

Fig. 12 – Os sete chakras principais do corpo humano

O indiano Amit Goswami, PhD em Física[4], baseia-se nos conceitos da Física para apresentar provas científicas sobre o impacto da meditação e da espiritualidade na saúde integral. Segundo o autor (2013), o corpo vital funciona como se fosse um projeto para a elaboração do corpo físico, no qual os órgãos físicos são a representação das funções do corpo vital e do corpo energético. As medicinas orientais (indiana e chinesa), bem como a homeopatia, baseiam-se com profundidade no tratamento do corpo energético. Goswami nos apresenta, inclusive, como citado a seguir, doenças que são associadas a desequilíbrios ou movimentos anormais nos chakras. Em síntese, a medicina dos chakras consisti em complementar o tratamento dos sintomas físicos desenvolvido pela alopatia e também em desenvolver um processo de autorreflexão.

---

4. N. R. Tive a honra de conhecer pessoalmente o trabalho de Amit Goswami, em setembro de 2013, em um Congresso Internacional de Saúde, em São Paulo, quando apresentei meu artigo científico sobre respiração.

- CHAKRA BÁSICO: constipação, hemorroidas, colite e diarreia.
- CHAKRA SEXUAL: impotência, vaginismo, doenças da próstata e do sistema reprodutor.
- CHAKRA DO PLEXO SOLAR: síndrome do intestino irritado, diabetes, úlcera péptica e gástrica, doenças do fígado e hérnias de hiato.
- CHAKRA CARDÍACO: doenças cardíacas, doenças do sistema imunológico, alergias e câncer.
- CHAKRA LARÍNGEO: hiper ou hipotireoidismo, asma, alergias, infecções na garganta, doenças do ouvido.
- CHAKRA FRONTAL: enxaquecas e dores de cabeça, tensões musculares, doenças oculares, sinusite.
- CHAKRA CORONÁRIO: epilepsia, doença de Alzheimer, doenças da mente e do cérebro, como depressão, por exemplo.

(GOSWAMI, 2013, p. 17.)

Os chakras estão localizados no *prānamāyākosha*, o chamado corpo sutil ou energético. Para cada um desses centros de energia, existe, em nosso corpo, plexos nervosos e glândulas endócrinas correspondentes.

Os textos sagrados do hinduísmo fazem referência a 72 mil canais de energia distribuídos ao longo de nosso corpo, denominados *nādīs*. Quando várias *nādīs* se integram em um ponto específico, temos ali um chakra.

Segundo o *Hatha Yoga de Pradīpikā*, "O *prāna* não pode passar pelo canal central porque está cheio de impurezas" (Svātmārāma, *sūtra II*: 4 apud Martins, 2017).

E qual a principal ferramenta para limpar esses canais de energia? Respirar e meditar é a resposta!

Somos energia, e os chakras e as *nādīs* atuam captando o *prāna* e alimentando, regulando e distribuindo a energia para nossos plexos espinhais, para nossos órgãos, músculos, nervos, sangue e todo o nosso corpo. A fonte das *nādīs* é um centro de nervos chamado *kanda*, que está logo acima do *Mūlādhāra Chakra*, centro energético localizado na base da coluna. Os textos antigos fazem referência a 14 *nādīs* principais e destacam três delas por se cruzarem com todos os principais chakras: *Idā, Pingalā e Sushumnā* (fig. 13).

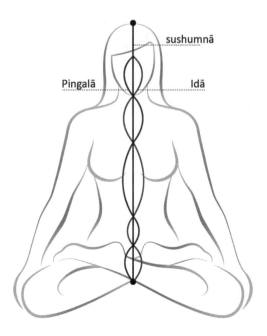

Fig. 13 - Idā, Pingalā e Sushumnā

- *IDĀ NĀDĪ* é um canal que se inicia na base da coluna, no primeiro chakra (*Mūlādhāra*), eleva-se pela coluna vertebral e termina na narina esquerda. Sua energia é feminina, emocional, de polaridade negativa, lunar, intuitiva, introspectiva, ligada à mente inconsciente e ao sistema nervoso parassimpático. Relaciona-se com o hemisfério direito do cérebro.

- *PINGALĀ NĀDĪ* inicia-se na base da coluna, no primeiro chakra (*Mūlādhāra*), eleva-se pela coluna vertebral e termina na narina direita. Sua energia é masculina, racional, de polaridade positiva, solar, objetiva, extrovertida, ligada à mente consciente e ao sistema nervoso simpático. Relaciona-se com o hemisfério esquerdo do cérebro.

- *SUSHUMNĀ NĀDĪ* é o canal central que vai da base da coluna (*Mūlādhāra Chakra*) até o topo da cabeça (*Sahāsrara Chakra*). Está ligado ao sistema nervoso central e, quando em equilíbrio, desperta e integra a plenitude energética da consciência humana (*Kundalinī*) com a plenitude energética de nossa consciência espiritual (*Ātman*).

Quando a Kundalinī adormecida desperta pela graça do guru, então todos os lótus (*Padma*) e os nós (*Grantha*) são atravessados.

(Svātmārāma, sūtra III: 2 apud Martins, 2017.).

As obras clássicas se referem aos "nós energéticos" (*granthīs*) como obstáculos a serem vencidos, são barreiras para que nossa energia cresça e possamos despertar todo nosso potencial com plenitude, que é a verdadeira manifestação da energia *Kundalinī*. Esses nós energéticos estão localizados no *Mūlādhāra Chakra (Brahmagrantī)*, no *Anāhata Chakra (Vishnugranthí)* e no *Ājña Chakra (Rudragrantī)*. Analisados mais profundamente, eles dizem respeito aos desafios internos que o ser humano precisa superar para, de fato, conquistar o profundo e verdadeiro despertar de sua consciência. Cita-se, como exemplo, o domínio da sexualidade e dos processos mundanos, a vivência do amor e a profunda experiência da espiritualidade.

> De acordo com a tradição indiana, existe grande número de canais (*nādīs*) em nosso corpo, que são percorridos pelos diversos tipos de forças vitais (*prānas*), bem como algumas estruturas especiais, chamadas chakras (*roda*) e simbolizadas por flores de lótus (*padma*). Essa estrutura deve ser purificada, ativada e transformada de dentro do yōgi por meio de uma série de práticas, como as de *prānāyāmas*, que despertam o poder primordial (*Kundalinī*) dentro do corpo humano. Durante o processo de transformação do yōgi, a *Kundalinī* sobe pela principal *nādī* (sushumnā) e perfura certos nós (*granthīs*) que obstruem sua passagem.
>
> (Martins, 2017, p. 13)

Os Sete Chakras Principais

Mūlādhāra Chakra – Centro Básico

Aspectos estimulados: força, sobrevivência e criação.
Cor: vermelho.
Corpo áurico: etérico/físico.
Cristais: jaspe, rubi e ágata-de-fogo.
Elemento: Terra.
Função: catabolismo e limpeza do organismo.
Glândula: suprarrenais.
Instrumento musical: tambor.
Localização: na base da coluna, na altura dos órgãos genitais e na pélvis.
Mantra: *Lam*.
Nota musical: Dó.
Óleo essencial: patchouli, cedro, canela e vetiver.
Ordem interna: "Eu sobrevivo".
Órgãos relacionados: rins, bexiga, intestino grosso, reto e ânus.
Qualidades negativas: preconceito, intolerância, ira, materialismo, medo, luxúria, inveja e competitividade.
Qualidades positivas: coragem, lealdade, firmeza e perseverança.
Sentido: olfato.

Chakra que se relaciona com o corpo físico e o instinto de sobrevivência, representando a ligação com a terra, com o momento presente e com o mundo material. Arquiva a energia *Kundalinī*, localizada na base da coluna, e representa o grau mais denso de manifestação. Canaliza a energia da terra, a força telúrica, representando nossa ligação com a Mãe Natureza. Simboliza o verdadeiro sentido do religar-se com nossa natureza e com a vida, vibrando segurança, abrigo, alimento, conexão com o sobreviver e com o reino animal. É a nossa base neste mundo. Liga-se à vida, à sobrevivência, ao trabalho e à disposição para combater as circunstâncias adversas. Representa nossos instintos mais primitivos e, por isso, está associado às glândulas suprarrenais, que são responsáveis pela reação de fuga. Conhecidas como "glândulas de emergência", secretam adrenalina; hormônio que prepara o corpo para situações de risco, acelerando os batimentos cardíacos, levando o sangue a irrigar os músculos para a ação e estimulando o fígado a liberar mais açúcar para dar mais energia ao corpo.

Por esses fatores, o Chakra Básico está relacionado ao medo de ser ferido, atacado, e ao instinto de autopreservação, responsável por reações de defesa. Esse centro energético se relaciona também com a energia da encarnação durante a concepção, o desenvolvimento intrauterino e as particularidades ligadas ao nascimento e à chegada do ser a este Planeta, bem como a tudo o que foi experienciado durante a gestação, causado por movimentos reacionais familiares. Rege o amor em relação à nossa realidade sexual, feminina ou masculina. É a base das relações afetivas e pode ser compreendido a partir das seguintes perguntas: "Eu fui desejado? Posso receber amor? Posso oferecer amor?".

É o motor da segurança afetiva. O caminho para o equilíbrio entre emoções polarizadas. Por meio dele, realizamos a descoberta do amor, do ódio, da verdade, da morte e do aprendizado, que estimulam ou inibem nossas emoções. Dentro dessa energia polarizada precisamos encontrar o sentido de amar e de ser amado na vida, exprimir o início da realidade e da compreensão do mundo.

Swādhisthāna Chakra – Centro Sacral

Aspecto estimulado: emoção.
Cor: laranja.
Corpo áurico: emocional.
Cristal: calcita.
Elemento: Água.
Função: reprodução.
Glândula: gônadas e glândulas sexuais.
Instrumento musical: instrumento de sopro de madeira.
Localização: abaixo do umbigo (frente) e lombar (costas).
Mantra: *Vam*.
Nota musical: Ré.
Óleo essencial: sândalo, gerânio, jasmim e ylang-ylang.
Ordem interna: "Eu reproduzo".
Órgãos relacionados: útero, ovários, próstata e testículos.
Qualidades negativas: indecisão, confusão mental, desvirtuamento da sexualidade, inveja, desejo exacerbado e impulsividade.
Qualidades positivas: sexualidade plena, abertura, disposição, intuição e criatividade.
Sentido: paladar.

O Centro Sacral se relaciona com o aspecto sexual, com os prazeres e com os desejos, sendo considerado o centro da reprodução. Está ligado à criatividade e ao impulso emocional. É nele que se inicia a ligação materna e familiar e que se processam os relacionamentos interpessoais. Correlaciona-se com a alegria e o entusiasmo perante a vida e com as motivações do indivíduo. Por estar conectado com o elemento Água, é o chakra que está ligado a todos os líquidos de nosso corpo: menstruação, urina, sêmen, saliva, suor e circulação sanguínea. Está também associado ao prazer, à sociabilidade, à criação, à vida e aos nossos desejos e impulsos sexuais. Precisamos valorizar o sexo como um presente que nos possibilita dar continuidade à vida. Aplicar a energia sexual de forma saudável é um desafio que rege esse chakra.

Manipura Chakra – Centro do Plexo Solar

Aspectos estimulados: vontade própria.
Cor: amarelo-dourado.
Corpo áurico: mental.
Cristal: quartzo-citrino.
Elemento: Fogo.
Função: manutenção (anabolismo).
Glândula: pâncreas.
Instrumento musical: órgão.
Localização: um pouco acima do umbigo.
Mantra: *Ram*.
Nota musical: Mi.
Óleo essencial: sálvia, alecrim e gengibre.
Ordem interna: "Eu ajo".
Órgãos relacionados: estômago, intestino delgado, vesícula biliar e pâncreas.
Qualidades negativas: abuso de poder, egocentrismo, raiva, baixa autoestima, ressentimento, insegurança, orgulho e vaidade.
Qualidades positivas: entusiasmo, confiança e liderança.
Sentido: visão.

Pela atividade do Centro do Plexo Solar, a saúde se desenvolve e se mantém: ele regula o calor do corpo e controla todos os órgãos internos e a força da vontade e da realização. É responsável pela energização geral do organismo: por ele, as energias do meio externo penetram o corpo e são distribuídas.

É também por meio desse chakra que as energias inferiores se manifestam, razão pela qual é importante mantê-lo sempre selado e em harmonia, formando um bloqueio contra vibrações mal qualificadas. O chakra do Plexo Solar estabelece ligação com o sol, fonte de *prāna*, e se relaciona com a sabedoria, a criatividade, o ego, o poder pessoal, a capacidade de concretização e a manifestação do nosso poder.

Relaciona-se também com a prosperidade, a realização e a abundância neste plano da matéria. É nesse centro de energia que as vibrações são assimiladas e transformadas.

Anāhata Chakra – Centro Cardíaco

Aspecto estimulado: amor incondicional.
Cores: verde e rosa.
Corpo áurico: astral.
Cristais: quartzo-rosa, ou verde, e amazonita.
Elemento: Ar.
Função: sabedoria emocional.
Glândula: timo.
Instrumento musical: harpa.
Localização: centro do peito (tórax).
Mantra: *Yam*.
Nota musical: Fá.
Óleos essenciais: rosa, laranja, limão, lavanda e erva-doce.
Ordem interna: "Eu sinto".
Órgãos relacionados: sistema imunológico.
Qualidades negativas: apego, posse, ciúme e dor.
Qualidades positivas: devoção, amor incondicional, compaixão e altruísmo.
Sentido: tato.

O *Anāhata Chakra* intermedeia os chakras superiores e inferiores, conduzindo-nos a observar o mundo de uma nova perspectiva: amando. *Anāhata* gera o impulso da verdade e da compaixão. Por meio dele, elimina-se o egoísmo e desenvolve-se a caridade, o amor e o discernimento. É responsável pelo funcionamento do sistema imunológico e contribui para que o ser possa alcançar equilíbrio entre razão e emoção, devoção e compaixão. Relaciona-se à manifestação do amor incondicional e está ligado à comunicação energética com outrem, à superação de dúvidas, crenças e medos para aumentar nossa força de vida e nosso poder energético. A inteligência do coração está aberta para o mundo e é receptiva ao desenvolvimento das inspirações que nascem da introspecção e da interiorização. É o amadurecimento considerado essencial para que possamos amar de forma profunda e sem limites, experienciando o verdadeiro sentido de realizar a nossa alma neste mundo.

Dica Essencial: A glândula timo: na anatomia humana, o timo é um órgão linfático que está localizado na porção anterossuperior da cavidade torácica. Limita-se superiormente com a traqueia, a veia jugular interna e a artéria carótida comum, lateralmente com os pulmões e inferiormente e posteriormente com o coração. O timo é um dos pilares do sistema imunológico, associado com glândulas adrenais e com a espinha dorsal, está diretamente ligado aos sentidos, à consciência e à linguagem. Funciona como uma central telefônica por onde passam todas as ligações, fazendo conexões para fora e para dentro. Se somos invadidos por micróbios ou toxinas, o timo prontamente reage produzindo células de defesa. Esse órgão é sensível a imagens, a cores e luzes, e também a cheiros, sabores, gestos, toques, sons, palavras, pensamentos e sentimentos. Ideias negativas impactam essa glândula, assim como vírus ou bactérias. Porém, como ideias não existem de forma concreta, o timo fica tentando reagir e enfraquece, abrindo brechas para sintomas de baixa imunidade, como o herpes, por exemplo. Em compensação, ideias positivas, meditação, respiração e relaxamento estimulam nele uma ativação geral em todos os poderes, fortalecendo o organismo como um todo.

Vishuddha Chakra – Centro Laríngeo

Aspectos estimulados: comunicação e expressão.
Cor: azul-celeste.
Corpo áurico: espiritual/etérico padrão.
Cristal: água-marinha.
Elemento: éter.
Função: comunicação assertiva.
Glândulas: tireoide e paratireoides.
Instrumento musical: metais.
Localização: garganta.
Mantra: *Ham*.
Nota musical: Sol.
Óleos essenciais: camomila, cravo, bergamota e hortelã-pimenta.
Ordem interna: "Eu expresso".
Órgãos relacionados: pulmões, garganta e órgãos da fala e da audição.
Qualidades negativas: desânimo, inquietude, desvalorização e preguiça.
Qualidades positivas: assertividade, comunicação plena e expansividade.
Sentido: audição.

Vishuddha Chakra está ligado à inspiração, à comunicação, à expressão e ao cumprimento da missão do ser. Relaciona-se também com a força da palavra, com a flexibilidade para lidar com desafios, com a assimilação de sons e vibrações, com a expressão da gratidão e dos sentimentos e com o fato de sermos e manifestarmos quem somos, de encontrarmos e seguirmos nosso caminho e nossa missão neste mundo.

Representa o equilíbrio perfeito entre o que pensamos e os sentimentos que expressamos. Permite-nos que conectemos as funções da palavra com a escrita, ou seja, falar e escrever, expressar, dançar, concretizar, estar no mundo plenamente: a manifestação verdadeira da nossa personalidade rumo aos nossos objetivos e concretizações mais íntimas.

Ājña Chakra – Centro Frontal

Aspecto estimulado: percepção extrassensorial.
Cor: azul-índigo.
Corpo áurico: cósmico/celestial.
Cristais: quartzo-branco e sodalita.
Elemento: manas.
Função: autoconhecimento.
Glândula: hipófise (pituitária).
Instrumento musical: piano.
Localização: entre as sobrancelhas.
Mantra: *Om*.
Nota musical: Lá.
Óleos essenciais: olíbano e mirra.
Ordem interna: "Eu intuo".
Órgãos relacionados: cerebelo, cérebro e olhos.
Qualidades negativas: confusão e agitação mental e racionalidade excessiva.
Qualidades positivas: autoconhecimento, intuição, foco e inteligência racional e emocional.
Sentido: percepção.

Conhecido como "terceiro olho", é o chakra sede das faculdades do conhecimento: *buddhi* (conhecimento intuitivo), *ahāmkara* (eu), *indriyas* (sentidos) e *manas* (mente). Quando bem desenvolvido, capacita o ser a enxergar além do que os olhos físicos podem ver: enxergar com os olhos da alma e com o coração.

Está ligado à capacidade intuitiva e à percepção sutil. O Chakra Frontal é o ponto do autoconhecimento, da intuição e da clareza. Relaciona-se à mente, às manifestações espirituais e à abertura dos planos intelectual e afetivo. Está a serviço do conhecimento, da inteligência espiritual e da realização pessoal. Desenvolve o senso de análise, de crítica e de compreensão associado ao comprometimento afetivo, espiritual e intelectual para que possamos desempenhar melhor nosso papel na sociedade. Torna-nos livres para pensar, agir e sentir.

Por meio dele, podemos utilizar o conhecimento dos ensinamentos adquiridos na vida para desbravar o mundo e fazer desabrochar na sociedade a essência da inteligência Universal.

Sahāsrara Chakra – Centro Coronário

Aspectos estimulados: evolução e espiritualidade.
Cor: violeta.
Corpo áurico: nirvânico/causal.
Cristal: ametista.
Elemento: todos os elementos.
Função: expansão da consciência.
Glândula: pineal.
Instrumento musical: não há.
Localização: topo da cabeça.
Mantra: não definido.
Nota musical: Si.
Óleos essenciais: lavanda, lírio e breu branco.
Ordem interna: "Eu sou".
Órgão relacionado: neocórtex.
Qualidades negativas: desconexão com o Universo, isolamento, desespero, desmotivação, falta do sentido de viver e sentimento de não pertencimento.
Qualidades positivas: espiritualidade, expansão da consciência e integração com o todo.
Sentidos: todos os sentidos.

Sahāsrara é o portal de conexão com as dimensões superiores, com os seres de luz, com o Eu Essencial, com a energia Reiki e com a força cósmica (Deus). Expande a espiritualidade, a supraconsciência, a sensibilidade e a percepção extrassensorial, despertando-nos para o reconhecimento de Deus em nós e nos outros.

O indivíduo que atinge a plenitude de controle e de equilíbrio do sétimo chakra realiza os planos da iluminação, das vibrações primordiais, da supremacia sobre o *prāna*, do intelecto positivo e do contentamento absoluto. Além disso, esse centro é o frontispício da completa libertação (*moksha*), que capta e distribui a energia vital cósmica para todo nosso Ser.

Quando se fala que a energia *Kundalinī* eleva-se pela coluna e chega ao *Sahāsrara*, fala-se sobre uma integração perfeita entre o corpo e o espírito, de um processo de iluminação e ampliação da consciência: nesse momento, ocorre uma abertura do ser para a consciência universal. O *Sahāsrara*, então, torna-se apto a receber plenamente a energia cósmica e a redistribui-la por todos os outros chakras. *Sahāsrara* desenvolve o despertar dos sentidos, das percepções sutis, da intuição e da compreensão profunda da grande teia espiritual que envolve a vida, todos os seres, os acontecimentos e o Universo.

Seja a sua essência: *essencial'mente!*

*Vós sois a luz do mundo.
[...] Assim, brilhe também a vossa luz
diante dos homens [...].*

Mateus, 5:14 e 16

Ei, psiu, meu querido leitor!

Quero lhe contar um segredo! Afinal, já que você chegou até aqui, considero que nossos espíritos já se reconhecem e se conectam em essência, mesmo que ainda não nos conheçamos fisicamente.

O que eu tenho para lhe dizer não é tão fácil de escutar, mas posso afirmar que, além de libertador, é também esclarecedor!

Nem sempre o mundo vai torcer para que você desenvolva o seu processo de autoconhecimento, ainda assim, esse continua sendo um caminho necessário, essencial, pessoal e intransferível!

As pessoas têm medo daqueles que se conhecem verdadeiramente, porque eles vivenciam o poder da libertação, o poder de conhecer a verdade e experienciar Deus em todos os lugares! São livres e, a partir do momento em que se tornam livres, não podem mais ser manipulados. As pessoas têm muito medo do autoconhecimento. Isso porque, quando você se conhece, desenvolve independência e manifesta uma força arrebatadora de transformação. Tudo muda o tempo todo no mundo, o Universo continua se transformando, mas a energia que tudo rege é a única coisa que permanece. Se você se encontrou com essa verdade, considere isso como um milagre que está agindo exatamente agora, iluminado-o. Ao abrir seu coração, os milagres se abrem diante dos seus olhos. Feche os olhos e eles desaparecem!

Quando você enxerga que absolutamente tudo é um milagre e uma oportunidade para simplesmente *ser*, para de se questionar: "Por que isso está acontecendo?". E passa a se perguntar: "O que eu posso aprender com isso que está acontecendo?". Quando você passa a ver o mundo com os olhos da espiritualidade, integrando-a com a ciência e com o autoestudo, um novo mundo se abre diante dos seus olhos.

O Universo se manifesta em cada atitude sua para consigo mesmo e para o mundo quando você se abre para ele. E, então, o que existe é o Todo: você se integrou ao Todo e encontrou a sua essência e entendeu que é feito da mesma partícula de que são feitas todas as formas de vida manifestas na Terra.

Primeiro você tenta se adequar ao sistema. Em seguida, o questiona. Depois, vem as críticas por questioná-lo, você desiste de transformar o mundo e, finalmente, compreende que primeiro precisa transformar a si mesmo. Você compreende que seu mundo começa a parti daí, e entende que, na maioria das vezes, as pessoas aprendem mais com o seu exemplo do que com a sua fala. E é aí que inicia a sua jornada de autotransformação.

Você se transforma, e somente então consegue atuar efetivamente na transformação do sistema ou começa a enxergá-lo de outra maneira: com mais compaixão, com mais compreensão, com mais amor e, ao mesmo tempo, com mais força para lutar. Você entende que desconstruir suas limitações e ver o mundo de novas perspectivas pode ser libertador. Começa a impedir que o desequilíbrio exterior perturbe a sua paz. E, quando faz o caminho de volta para o seu centro, para o seu coração, para a sua essência, acaba encontrando no simples a experiência do contentamento; você desperta para o propósito da sua alma e faz o caminho de volta para casa, para si mesmo, um lar seguro e benevolente. Você transcende e se lembra de que é um ser humano e que nunca será perfeito. Que essa experiência de paz é impermanente, assim como o mundo, mas que, ainda assim, vale a pena caminhar ao encontro dela e conduzi-la a outros corações, também sedentos de amor. Por fim, você se lembra de que o momento na madrugada em que a escuridão é mais intensa antecede o horário em que a luz do Sol está prestes a chegar e a tudo iluminar e aquecer. Você aprendeu a ser luz em meio à escuridão. E aprendeu que, mesmo quando o seu mundo está escuro do lado de fora, pode fazer sua luz brilhar do lado de dentro. Você encontrou uma verdadeira constelação dentro de si.

Através da Neuromeditação® e da jornada do autoconhecimento, você identifica o brilho estelar que já é, em essência. E aprende a estar consigo mesmo, em paz e presente, no momento mais sagrado e importante de sua vida: o aqui e agora.

Então, abra-se para sentir a conexão com o seu próprio Eu, a conexão com a Mãe Natureza, a vida que pulsa em seu coração! Sinta que a paz que você tanto procura do lado de fora, nas coisas, nas pessoas e nas situações, está no silêncio que você não faz e no amor que você não vivencia. Respirar, neuromeditar e se acalmar em meio ao caos é seu maior desafio, mas também a sua maior conquista!

Eu sei que não é fácil lidar com o desequilíbrio do mundo e, ainda assim, resgatar a paz interior. Mas isso faz parte da sua missão! O mundo externo está em colapso e realmente não vai adiantar buscar nele o seu refúgio ou esperar que a solução para seus problemas venha de fora, do exterior. Você não está aqui por acaso, nem a passeio, mas a SER'viço! Portanto precisa encontrar sua missão e, com todo o seu coração, dedicar-se a ela. Todas as respostas que procura estão dentro de você. Não precisa se isolar nas montanhas dos Himalaias para meditar e encontrar o equilíbrio, é por isso que esse manual de Neuromeditação® pretende lhe trazer uma experiência meditativa prática e acessível. Para que você finalmente compreenda que a verdadeira experiência espiritual acontece aqui e agora, quando não precisa mais se isolar para Ser, quando integra-se ao todo e aprende a lidar com o mundo e a amar a experiência da vida neste Planeta que nos acolhe.

Quando você enfrenta os desafios do dia a dia com força e serenidade, quando enxerga a manifestação do sagrado em todos os lugares e, em vez de se desencorajar transforma as dificuldades em ferramentas para o seu crescimento pessoal, quando você utiliza o amor como instrumento primordial para se relacionar com o outro e mesmo imerso ao caos consegue ser luz e iluminar, você entendeu como a coisa funciona. Nunca se esqueça de que até os planetas se chocam e desse impacto nascem estrelas. A vida é agora e o desafio está aqui. Encare-o! Seja luz em meio à escuridão. Eu acredito em você!

Assim como as estrelas, você possui luz e brilho próprios. "Vós sois deuses", disse um dia o grande mestre Jesus. Não entenda aqui Deus como um velho barbudinho que manda, desmanda, pune e castiga. Entenda Deus como uma energia que tudo move e a tudo ama. Essa manifestação de Deus se encontra em todos os lugares, religiões e formas de vida.

Quando você escolhe cultivar pensamentos, vibrações ou sentimentos específicos, eles impactam diretamente sua vida. No exato momento em que você escolhe o caminho, esse mesmo caminho também escolhe você e em qual frequência deve vibrar, proporcionando, assim, uma identificação. Seu caminho e suas escolhas moldam seu presente e constroem seu futuro.

Que sua coragem seja maior que seu medo! E que sua força seja tão grande quanto o amor do Uni'verso! Que a partir de hoje o autoconhecimento e a Neuromeditação® amparem a sua vida cotidianamente. Não coloque impedimentos em seu propósito, coloque fé! Coloque amor! Empodere-se de si! Você possui todo o poder necessário para transformar positivamente a sua vida!

Estamos alinhados com o nosso propósito quando acordarmos motivados a conduzir nossas vidas com amor, mesmo em meio aos desafios.

Não importa qual seja a sua profissão, o quanto de sucesso tem ou onde mora. O que importa é o quanto de amor você coloca no que está desenvolvendo no mundo. Independentemente de quem seja ou do que faça.

Se você AMA, saiba que está no caminho certo, independentemente de qual seja a estrada.

Apesar de todas as dificuldades do mundo, ainda há muito amor aqui, para todos nós. Bem aí no fundo, no seu sagrado e milagroso coração, reside uma essência que é divina e que grita por você. Perceba que mesmo sendo humano, você pode se conectar com a força divina, aí mesmo, neste templo sagrado que é o seu corpo, neste momento sagrado que é o agora.

Você é muito mais do que esse corpo. Você é o seu espírito.

Na casa do pai há muitas moradas e essa vida é uma etapa da sua jornada evolutiva. Aprenda ao máximo com ela.

Você é um aprendiz. A dor é seu mestre. O sorriso é seu mestre. Somos alunos cósmicos cumprindo um dever em uma jornada interestelar.

Aproveite ao máximo o seu passeio.

Volte para casa com a sua lição cumprida.

Repito uma pergunta que fiz no início dessa obra, porém agora com uma perspectiva diferente: se você morresse hoje, já teria amado o suficiente?

Deixe morrer em você tudo o que é destrutivo, cada sentimento ou pensamento tóxico.

Perde-se tanto tempo desamando, criticando, odiando, desarmonizando, invejando, destruindo... Deixe nascer e florescer o amor!

Cada novo dia é um renascer para o espírito.

Dê a si mesmo a tarefa de ser a cada dia melhor!

Deixe brilhar a sua luz!

Pratique Neuromeditação® com amor e dedicação!

Permita que cada dia seja uma nova oportunidade de manifestar quem você verdadeiramente é.

Seja a sua essência, ESSENCIAL'MENTE!

Mãos à obra! Vamos neuromeditar?

Agora que você já aprendeu toda a base científica e filosófica que envolve a experiência da Neuromeditação®, vamos à prática! No capítulo seguinte, serão apresentados os exercícios do método da Neuromeditação®, mas antes disso vou apresentar algumas dicas muito importantes que contribuem para uma experiência mais profunda e agradável.

Dicas essenciais para utilizar durante a prática de Neuromeditação®

- Sempre inspire e expire pelas narinas. Lembre-se: boca foi feita para comer e narinas para respirar.

- Ao respirar, utilize todo o seu aparato respiratório, sempre inspire e expire da forma mais lenta e ampla que conseguir.

- Inspire projetando o abdômen para fora e expire projetando o abdômen para dentro. Em síntese: ar para dentro, barriga para fora; ar para fora, barriga para dentro.

- Não se preocupe se, no início, os exercícios meditativos e respiratórios parecerem difíceis. Comece gradualmente e vá aumentando o tempo de execução aos poucos. Respeite o seu tempo.

- Você pode praticar sozinho todos os exercícios. Porém, contar com a ajuda de um professor é sempre muito bom e recomendado, sobretudo para os iniciantes.

- Logicamente, o local mais propício para se respirar e meditar é em meio à natureza, com ar puro, com pouca ou nenhuma poluição e livre de barulho e agitação. Então, se possível, ao realizar seus exercícios respiratórios, meditativos ou sua prática pessoal, escolha um local silencioso, onde não seja incomodado. Porém, seu grande desafio é justamente conseguir encontrar o equilíbrio em meio ao caos, aos problemas de trânsito, à poluição sonora, visual e residual, à violência e aos conflitos emocionais de cada dia. Sua missão é encontrar o paraíso aqui e agora, com gratidão por tudo e por todos.

Os exercícios deste livro foram selecionados de modo a lhe dar a oportunidade de realizá-los a qualquer hora, em qualquer lugar: no trabalho, no ônibus, na academia, na faculdade, no consultório médico ou na "porta" de entrada para aquele problema que tanto angustia você. Lembre-se de que somos células de um mesmo planeta. Sua casa está em qualquer lugar. Seja luz e ilumine!

- Evite incensos. Caso queira adicionar uma experiência aromática à sua prática, opte por aromas e óleos essenciais naturais, que, além de relaxarem e serem extremamente agradáveis, ainda são terapêuticos e contribuem para seu foco e sua concentração.

- Somos seres altamente musicais: experimente o silêncio para ouvir seus próprios sons internos ou opte por mantras e músicas com sons de natureza que propiciam o efeito calmante de trazê-lo de volta à sua própria natureza.

- Sentar-se de maneira correta pode parecer, a princípio, um pouco difícil, mas com dedicação, prática e disciplina, você descobre que o certo é mais fácil e acessível do que o errado. A postura mais utilizada para meditação e respiração é o *dhyānāsana* de sua preferência. *Dhyānāsanas* são posturas sentadas no chão com a coluna ereta e as pernas cruzadas, como mostra as figuras abaixo.

- Caso ainda não consiga se sentir confortável sentado diretamente no chão, você pode utilizar uma almofadinha ou se sentar em uma cadeira. O importante é que esteja confortável, pois o desconforto pode prejudicar ainda mais seu foco no momento de praticar as técnicas da Neuromeditação®. Respeite o tempo de seu corpo.

- Você perceberá que, além das posturas sentadas, a Neuromeditação pode ser realizada também em pé, caminhando e em outras posições corporais, variando de acordo com a técnica adotada.

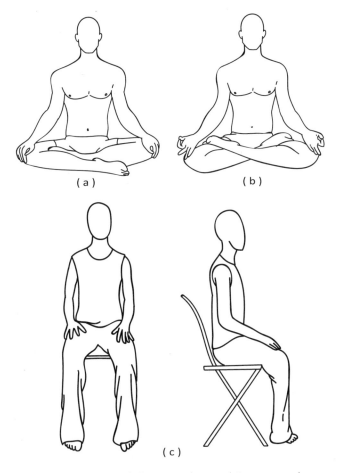

Fig. 09 - *Dhyānāsanas*: posições sentadas no chão com a coluna ereta

Importante:

Pessoas hipertensas, com problemas cardíacos ou com restrições físicas específicas devem ter cautela com a realização dos exercícios respiratórios propostos nesta obra. Sugerimos fazer uma avaliação médica antes de executá-los e não realizar em caso de contraindicação por parte de profissionais da área da saúde.

Manual de Neuromeditação®

Neuromeditação® energizante

Para desbloqueio de registros físicos, emocionais ou energéticos

1. Você pode realizar essa técnica deitado ou sentado no chão, na cama ou em uma cadeira.
2. Feche seus olhos e identifique se existe alguma parte de seu corpo que, neste momento, exija mais de sua atenção, pode ser um desconforto, alguma dor ou simplesmente alguma parte que sua intuição diga que precisa de algum cuidado, energia ou carinho.
3. Una as palmas das mãos uma com a outra em frente ao peito (como se fosse em prece) e por mais ou menos um minuto sinta a energia que flui entre as mãos no *añjali mudrá*.

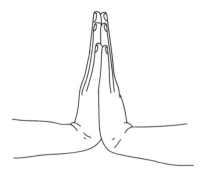

4. Atrite as palmas das mãos uma com a outra sentindo que, enquanto faz isso, está produzindo energia e amor.

5. Leve suas mãos na região do corpo identificada no 2º passo e, ao se tocar, sinta muito amor e carinho pelo ser que você é.

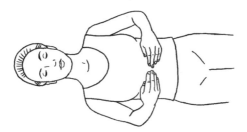

Tempo de execução: permaneça o tempo que considerar necessário enviando amor e energia para si mesmo. Lembre-se de se concentrar exclusivamente neste ato, com gentileza, desligando-se de qualquer outro pensamento que possa chegar a você enquanto realiza esse exercício.

Benefícios: relaxamento da musculatura do corpo. Desenvolvimento do autoamor e da autorregulação. Dissolução de pontos de tensão e estresse e desbloqueio de registros físicos, emocionais ou energéticos negativos.

Dica essencial: Se você sentir que deve também massagear essa região, fique à vontade, utilize suas mãos intuitivamente. Caso sinta necessidade, você pode também levar suas mãos à outra região de seu corpo. O importante é estar 100% presente neste ato e se tocar com amor e consciência.

A importância do toque

O toque é terapêutico, mesmo que você não acredite ele conduz energia, e isso está cientificamente comprovado.

Para curar, amenizar dores ou fazer relaxar, o toque é um velho instinto que compartilhamos com outras espécies. Quando um filhote de gato ou de cachorro se fere, o primeiro instinto de sua mãe é lamber o local afetado. Se uma criança cai, ela também quer que sua mãe a toque e a acaricie. Quando nos machucamos, imediatamente tocamos a região lesionada. O próprio mestre Jesus utilizava a imposição de mãos para aliviar os desconfortos físicos e emocionais das pessoas.

Essencial'mente Neuromeditação®

O toque é fonte de calor, carinho, amor e cura. Técnicas de imposição de mãos com intenção de cura sempre existiram em diversas culturas e religiões, e ainda hoje são utilizadas em práticas terapêuticas em todo o mundo. A bênção do padre, o passe espírita, as orações de intercessão dos pastores, a bênção das benzedeiras, a canalização do Johrei, a doação de Deeksha, os *hasta mudrās* do Yoga e o Reiki, entre outras práticas, também exemplificam a imposição de mãos com intenção de cura.

Utilizadas como veículo de comunicação entre os seres humanos desde sempre, as mãos são canalizadoras e condutoras de energia. Podemos usá-las como ferramentas construtivas ou destrutivas: com elas, nós nos cumprimentamos, nos despedimos, reverenciamos, curamos, abraçamos, acariciamos, benzemos, mostramos desconforto e também agredimos. O que fazemos com as mãos expressa o que sentimos, e o que sentimos pode ser influenciado por movimentos que realizamos com nosso corpo. Estáveis ou trêmulas, frias ou quentes, as mãos expressam nosso estado emocional. Elas sempre foram nossa forma de expressar amor e doação. Cada gesto realizado com elas produz uma reação reflexológica em nosso sentir e agir.

Para alguns, as mãos são a principal ferramenta de comunicação com o mundo. Na Índia, a arte se utiliza das mãos até para narrar histórias: os indianos conseguem "ler" todo um conto, sem que o narrador ao menos abra sua boca, porque os *mudrās* carregam significados culturais facilmente legíveis e proporcionam uma identificação com os arquétipos da Antiguidade. Nas artes marciais, há um ensinamento ancestral relacionado às mãos, muitas vezes considerado secreto, que é desconhecido pelos ocidentais. Na dança oriental, são as posições das mãos e dos dedos que traduzem sentimentos e expressam emoções. Mundo afora, há línguas de sinais feitos com as mãos, como a língua brasileira de sinais – Libras. Cada dedo da mão está estruturalmente ligado a diferentes órgãos, músculos, nervos, tendões e articulações do corpo. Assim, a disposição de cada um dos dedos ativa determinados comandos magnéticos em nosso corpo, que podem ser transmitidos através de nosso sistema nervoso e energético.

Segundo Texier e Vicente (2007), a linguagem dos dedos e a comunicação estabelecida com as mãos vão além da linguagem falada e nos direciona inconscientemente para registros de memórias primárias.

No contexto do Yoga, os *mudrās* designam as posições que selam, isto é, que concentram ou absorvem a energia vital no corpo. Geralmente, são realizados para acompanhar as posições psicofísicas (*āsanas*) ou os exercícios respiratórios (*prānāyāmas*), contribuindo, assim, para o equilíbrio e a harmonia de todo o ser.

Ao realizar um *mudrā*, nós nos conectamos magnética ou simbolicamente com o que ele representa. O significado mais frequente do uso de *mudrās* é a realização de determinados estados de consciência pelos gestos e posturas hieráticas. Esses estados são provocados por uma ressonância dos arquétipos velados no inconsciente do ser humano, permitindo alterações nos registros de percepção. Nossas mãos não são apenas ferramentas extraordinárias para nos expressar e nos comunicar com os outros: elas também possibilitam o renascimento de nossas memórias relacionadas a nossa identidade mais profunda. São canais para entrarmos em nós mesmos e agirmos em nosso íntimo. Cada dedo de nossas mãos é a manifestação de um conjunto de energias específicas (que são como códigos secretos): toda vez que os dedos se movimentam de forma particular, ocorre uma repercussão em todas as membranas do corpo. Existe também uma correspondência com os meridianos e com os cinco elementos. As mãos têm ainda uma relação direta com o coração, ponto energético responsável pelo amor incondicional.

Neuromeditação® do riso

Para liberar hormônios de prazer, que transmitem quimicamente ao cérebro bem-estar e contentamento

Execução do exercício:

1. De pé, afaste os pés lateralmente um pouco para além das linhas dos quadris, mantendo os joelhos semiflexionados.

2. Inspire o mais lentamente possível, elevando os braços lateralmente até o alto.

3. Cerre os punhos e retenha o ar nos pulmões por um período de tempo igual ao da inspiração.

4. Exale vigorosamente todo o ar dos pulmões, gritando bem alto e rápido *Hā - Hā - Hā*, flexionando o tronco para frente e para baixo, abrindo as mãos e relaxando todo o corpo.
5. Inspire profundamente e retorne à posição inicial, desenrolando gradualmente a sua coluna.
6. Faça 10 ciclos do exercício, lembrando-se de que cada ciclo inclui inspiração, retenção do ar nos pulmões e expiração.
7. Finalizado o ciclo acima, vá para a frente de um espelho ou peça para alguém ficar na sua frente, aponte para si ou para essa pessoa e realize a mesma técnica de *Hā - Hā - Hā*, porém, dessa vez, olhando para seus olhos ou para os olhos dessa pessoa.
8. Faça 10 ciclos do 7º passo.

Tempo de execução: toda a prática irá demorar de 10 a 15 minutos.

Benefícios: libera tensões físicas e emocionais; estimula a extroversão; elimina estados de desânimo e falta de energia e libera hormônios de prazer que transmitem quimicamente ao cérebro bem-estar e contentamento. Além de tudo, o mantra *Hā*, traz força, intenção, alegria de viver e leveza.

Neuromeditação® com os elementos da natureza

Para paz interior e autocura

Nessa prática, vamos nos integrar com os elementos da natureza que, por si só, já são verdadeiros harmonizadores conscienciais.

1. Deite-se ou sente-se de forma confortável.

2. Feche seus olhos.

3. Escolha mentalmente o local em meio à natureza que você gostaria de visitar, pode ser uma praia, uma floresta, o topo de uma montanha, um bosque florido, uma cachoeira especial ou qualquer outro lugar que você se identifique e se sinta em paz.

4. Visualize que você está passeando por este local. Observe atentamente cada pequeno detalhe em meio à mãe natureza, cada flor, a cor do céu, o solo no qual você está pisando, a brisa que toca a sua face, o aroma dessa região e tudo mais que for possível. Se quiser, pare em algum desses locais e imagine-se ali, deitado, andando, mergulhando ou curtindo a seu modo. Esteja imensamente atento a cada detalhe. É como se você tirasse férias do mundo por alguns instantes. Absorva absolutamente tudo o que for possível, tanto do ponto de vista energético quanto do ponto de vista do descanso e do relaxamento.

5. Como você já sabe, se ocorrer de sua mente divagar, traga-a de volta tranquilamente e sem cobranças. Respeite sempre seu ritmo.

Tempo de execução: faça essa visualização de 10 a 30 minutos.

Benefícios: relaxamento profundo, integração com a mãe natureza, redução do estresse e da ansiedade, percepção das demandas internas e ampliação da criatividade e da intuição.

Dica Essencial: você pode colocar uma música com sons da natureza que corresponda a esse local que pretende visitar mentalmente. Ou mesmo fazer isso pessoalmente, em um local em meio à natureza que você tenha acesso, passeando por ele de forma presente e profundamente atenta.

Neuromeditação® de fixação do olhar

Para estabilização da mente e das emoções

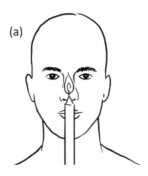
(a)

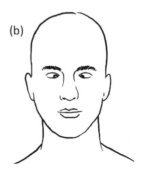
(b)

Escolha um objeto para fixar o seu olhar, pode ser a chama de uma vela, uma flor, a ponta do seu nariz, uma paisagem ou qualquer outro objeto. O importante é que você mantenha o foco exclusivamente nele, percebendo cada pequeno detalhe que o compõe.

> Obs.: não toque o objeto, somente o observe. Mais adiante teremos outra meditação na qual você poderá tocá-lo e sentir cada forma, detalhe e aroma que o envolve.

Tempo de execução: faça essa meditação pelo tempo que considerar necessário. Geralmente um iniciante permanece com o olhar fixo nesse objeto de 3 a 10 minutos.

Benefícios: ativa a atenção e a capacidade de observação e percepção do mundo externo. Amplia a percepção do outro, dos detalhes e contribui com os relacionamentos interpessoais e estabilização da mente e das emoções.

Neuromeditação® em movimento

Autopercepção, autorregulação e autoconfiança

Essa meditação pode ser realizada no seu trajeto de casa ao trabalho, em um passeio ao shopping, quando estiver no supermercado fazendo compras, no trajeto até o banco, na esteira da academia, propositalmente saindo para caminhar, para meditar ou mesmo quando estiver indo para o consultório do seu médico.

Trata-se de caminhar estando 100% focado no ato propriamente dito, superando ao máximo as outras divagações mentais que possam surgir. É muito importante que você integre os movimentos de seus passos com a sua respiração, para tornar o ato em si ainda mais consciente, ou seja, literalmente conte quanto passos você consegue dar ao inspirar e quantos consegue ao expirar; procure estabelecer ritmo e sincronicidade ao movimento.

O ato de caminhar por si só já promove inúmeros benefícios para o corpo e para a mente e libera inúmeros hormônios de prazer, mas ao integrar ao ato a prática meditativa, multiplicam-se seus resultados. Procure manter um ar de sorriso no semblante enquanto faz essa caminhada consciente, irradiando quimicamente ao cérebro ondas de prazer e de bem-estar que formam um circuito integrado de comandos positivos para o seu corpo.

Tempo de execução: o tempo do trajeto que se disponibilizou a fazer.

Benefícios: aumento da saúde física e mental, liberação de hormônios de prazer, ampliação da sensação de bem-estar, autopercepção, autorregulação, autoconsciente, capacidade de estar presente, autocura, autoamor e autoconfiança.

Neuromeditação® e a alimentação

Para o autocontrole e o autoconhecimento

Você já deve ter percebido que uma pessoa depressiva "vive" muito no passado e uma pessoa ansiosa "vive" muito no futuro, o que talvez ainda não tenha percebido é que esses sentimentos se misturam enquanto nos alimentamos e impactam diretamente em nossa relação com a comida. Comemos muito ou comemos pouco de acordo com o que sentimos. Pela comida, muitas vezes tentamos suprir um vazio interior ou uma deficiência nutritiva e, ao nos privar dela, muitas vezes também estamos nos sabotando, fornecendo ao corpo menos nutrientes do que o necessário. Nos dias de hoje as pessoas fazem reuniões de trabalho na hora do almoço, ou comem com a atenção focada no celular; simplesmente comem no piloto automático, sem nem mesmo apreciar o real gosto do alimento, engolindo tudo rapidamente. Quando você se alimenta com consciência, focado no seu corpo e estando presente exclusivamente neste ato, além de ajudar o seu corpo (especialmente o estômago e o intestino) a funcionar melhor, está contribuindo também com sua saúde mental e com a sua consciência nutricional. É muito importante que reflita e se questione: "De onde vem a sua fome?", "O que eu estou procurando através deste alimento?", "Qual o meu objetivo ao me alimentar?", "Estou alimentando meu corpo ou as minhas emoções?".

Antes de se alimentar observe bem o que está em seu prato. Observe as cores, sinta o aroma dos alimentos e somente então dê a primeira "garfada" ou mordida. Enquanto estiver se alimentando mastigue da forma mais lenta e consciente possível, experimente literalmente "largar o garfo" quando estiver mastigando. Aprecie cada pequeno aroma, gosto, textura e cor, lembre-se de que não comemos somente com a boca e não sentimos somente com a língua, "comemos" também com os olhos e com o nariz, por isso, é importante estar atento a todos os sentidos. Reserve um tempo amplo para se alimentar e esteja presente exclusivamente neste ato.

Caso pensamentos intrusos visitem à sua mente (que como já sabemos, é bem natural), simplesmente volte, com gentileza, o seu foco para a sua meditação.

Lembre-se de que seu objetivo aqui não é utilizar a meditação para responder à cobrança de um padrão social de corpo ou de alimentação imposto pelo mundo, mas, sim, sem culpa, e ao mesmo tempo com equilíbrio. Procure se conhecer enquanto se alimenta, esse simples fato, por si só, já transforma a consciência alimentar, fazendo da alimentação um nutritivo ato de amor, autoaceitação e saúde.

Tempo de execução: o tempo da refeição.

Benefícios: autocontrole, autoaceitação, redução de ansiedade, controle da impulsividade e melhora dos hábitos alimentares.

Neuromeditação® com respiração abdominal

Para gerenciamento do estresse (Sukha prānāyāma)

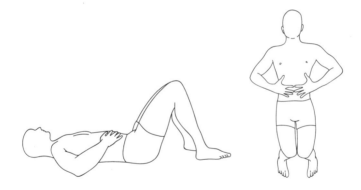

Execução do exercício:

1. Coloque-se em *swāra shavāsana*: deite-se confortavelmente no solo, em decúbito dorsal (de barriga para cima), mantendo a planta dos pés no alinhamento dos quadris, os joelhos flexionados e unidos.
2. Deixe suas mãos apoiadas e descontraídas sobre seu abdômen. Somente os dedos médios se tocam; os demais permanecem afastados.
3. Inspire expandindo o abdômen e perceba que os dedos médios se afastam, criando um espaçamento entre eles. Quanto maior o espaçamento, melhor.
4. Inspire o mais lentamente que conseguir, contando o tempo.

5. Retenha o ar nos pulmões pelo mesmo período de tempo que levou para inspirar.
6. Expire, puxando o abdômen para dentro e perceba que os dedos médios se aproximam, voltando a se tocar.
7. O tempo todo esteja consciente da energia vital (*prāna*) que você está absorvendo.

Tempo de execução: faça 30 ciclos do exercício, lembrando-se de que cada ciclo inclui inspiração, retenção do ar nos pulmões e expiração.

Benefícios: promove relaxamento físico e mental, reduz o estresse e a ansiedade, exercita uma profunda conscientização da respiração. É um excelente exercício para aprender a respirar da forma mais ampla e plena possível, ativando toda a expansão da musculatura abdominal.

Neuromeditação® com respiração alternada

Para redução da ansiedade (Nādī shodhāna prānāyāma)

Execução do exercício:

1. Coloque-se em seu *dhyānāsana* preferido (sentado no chão, com as pernas cruzadas e a coluna ereta), ou sente-se em uma cadeira, com a coluna ereta.
2. Apoie as mãos sobre os joelhos, una os dedos indicadores aos polegares e vire as palmas das mãos para cima (*jñana mudrā*) se for dia, ou para baixo (*chin mudrā*) se for noite.

3. Com a mão direita, obstrua a narina direita.

4. Inspire lenta e profundamente pela narina esquerda, preenchendo sucessivamente as partes alta, média e baixa do seu aparelho respiratório. Mentalmente, conte o tempo dessa inspiração.

5. Retenha o ar nos pulmões por um período de tempo igual ao que levou inspirando.

6. Com os pulmões cheios, coloque a mão direita de modo a obstruir agora a narina esquerda.

7. Expire pela narina direita, mantendo a mão na narina esquerda e puxando o abdômen para dentro. Faça essa expiração em um período de tempo igual ao que levou inspirando.

8. Inspire novamente pela narina direita, mantendo a mão na narina esquerda e projetando o abdômen para fora. Faça essa inspiração em um período de tempo igual ao que levou expirando.

9. Retenha o ar nos pulmões por um período de tempo igual ao que levou expirando.

10. Com os pulmões cheios, troque a mão de narina, obstruindo agora a narina direita e expirando pela narina esquerda.

11. Repita o exercício, trocando a mão de narina somente na hora de expirar.

12. O tempo todo esteja consciente da energia vital (*prāna*) que você está absorvendo.

Tempo de execução: faça 20 ciclos, lembrando-se de que cada ciclo inclui inspiração, retenção do ar nos pulmões e expiração.

Benefícios: por exigir grande concentração, auxilia a mente a se focar no "agora"; exercita a centralização da consciência e propicia o relaxamento e a meditação. Diminui a ansiedade e o estresse, revigora todas as energias do corpo, aumenta o nível de *prāna* no organismo e conecta o indivíduo com a paz e a espiritualidade. Melhora a consciência corporal e a coordenação motora, trabalha separada e harmonicamente com importantes canais fisiológicos sutis (*nādīs*), responsáveis pela harmonização de nossos chakras.

Neuromeditação® cromoterápica
Visualizações terapêuticas com as cores

Antes de aprender essa técnica propriamente dita, é importante compreender um pouco sobre a cromoterapia. A energia das cores está em toda parte e compõe todas as formas de vida que habita o Universo. Estamos envolvidos em um espectro de cor que nasce da luz. A cor gera ou reforça o processo de cura por meio da visualização, por aplicação energética, pelo trabalho com os chakras, pela alimentação ou mediante aplicação de cores realizada com lâmpadas coloridas ou bastões cromoterápicos. Cada cor tem a sua própria vibração de frequência ao longo do espectro eletromagnético de luz, e cada uma, de forma particular, desenvolve um tipo específico de mudança no corpo físico ou na fisiologia energética.

Quando utilizamos uma cor, estamos utilizando uma luz e a sua frequência subatômica. Quando uma luz colorida é direcionada para uma parte do corpo, sua frequência estimula todas as propriedades terapêuticas desse corpo. Ao longo da história, os seres humanos sempre utilizavam as cores de acordo com suas questões emocionais: preto para o luto, branco para uma manifestação pacífica, vermelho para sedução, amarelo intencionando prosperidade e intuição, verde para cura e azul para tranquilizar. Verde e azul estão em blocos cirúrgicos em hospitais de todo o mundo. O alaranjado é frequentemente utilizado em cozinhas para estimular o apetite, sendo adotado como estratégia de marketing em restaurantes. O violeta é a cor da espiritualidade, muito usado em spas ou em núcleos de Yoga e outras terapias. Em países frios e cinzas, o índice de suicídio é maior.

Podemos observar claramente a diferença de humor das pessoas que vivem em locais onde o frio domina grande parte do ano comparativamente ao daquelas que vivem em locais de clima tropical e muito sol. São inegáveis as propriedades e os efeitos imediatos que cada cor gera no nosso mundo inconsciente. O próprio escuro amedronta muitas pessoas. Dependendo do humor, escolhemos uma determinada cor de roupa para nos vestir. Se olharmos fixamente por um tempo para uma determinada cor, podemos assimilar todas as suas características primordiais.

A cromoterapia vem sendo utilizada pelo homem desde as antigas civilizações, desde o Egito Antigo e a Grécia. A técnica tem como o objetivo harmonizar o corpo em todos os seus níveis, do físico aos mais sutis. Os adeptos da cromoterapia entendem que cada cor possui uma vibração específica e uma característica terapêutica. Foi descoberto no século 18, depois de pesquisas que duraram cerca de 40 anos, que o vermelho tem propriedade estimulante no organismo, o azul é calmante, o amarelo provoca sensações de alegria e o verde é repousante. Esses efeitos são menos ou mais intensos, dependendo da tonalidade usada.

A cromoterapia pode ser definida como o tratamento que, por intermédio das cores, estabelece o equilíbrio e a harmonia entre corpo físico, mental e emocional. Cada cor tem sua função terapêutica específica e atua em um chakra ou em um órgão do corpo humano. Sendo assim, ao serem acionadas, as cores impactam fortemente essas áreas, restabelecendo ou energizando tudo o que está bloqueado ou em desequilíbrio no corpo, como a causa das doenças, por exemplo.

O método trabalha com as sete cores do arco-íris, no qual cada cor possui uma vibração energética diferente e, à medida que se propagam em algum ambiente, causam efeitos curativos ou calmantes. Vale lembrar que não é só a visão que absorve a energia de uma cor. Todo o organismo possui capacidade de perceber e receber os efeitos da cromoterapia, inclusive pela alimentação e pelos nutrientes relacionados à cor dos alimentos. É muito importante esclarecer que, quando falamos de cromoterapia, não estamos nos referindo especificamente à aplicação de luz local e muito menos acreditando misticamente que, ao vestir uma roupa de determinada cor você pode "atrair" algum objetivo para sua vida. Estamos afirmando, cientificamente, a influência das cores, especialmente em nosso campo emocional, com ênfase no uso em visualizações e em meditações, que é o enfoque deste livro. Pela energia das cores a cromoterapia pode contribuir trazendo experiências e vibrações específicas.

162 | Essencial'mente Neuromeditação®

A prática da Neuromeditação® com as cores

Para realizar essa técnica de Neuromeditação®, escolha uma das cores mencionadas a seguir, intuitivamente ou de acordo com as caraterísticas terapêuticas que você identifica que precisa desenvolver. Em seguida, visualize-se dentro de um círculo de luz que vibra na cor escolhida e absorva ali, todas as suas propriedades curativas. Tente se concentrar exclusivamente nesse círculo de luz colorido e em nada mais. Visualize-se imerso na cor escolhida de forma que ela preencha seus músculos, nervos, órgãos, tendões, articulações, células e ossos. Sinta efetivamente todo o seu corpo sendo banhado por essa energia. Se pensamentos "intrusos" chegarem à sua mente, gentilmente permita que eles vão embora e volte calmamente seu foco para o seu objeto de meditação. A prática pode ser realizada sentada ou deitada. Fique imerso nessa experiência por aproximadamente 10 minutos.

Principais propriedades terapêuticas de cada cor

- **Vermelho:** excitação, devoção e intensidade. O vermelho é indicado para afastar a tristeza e o desânimo; estimula a circulação sanguínea, aumenta o calor e a temperatura corporal; incrementa a iniciativa e a coragem e mantém o foco no presente. É a cor das paixões, das conquistas e da sexualidade.
- **Laranja:** vitalidade, vigor, força, restauração, autoaceitação, regeneração, coragem e reconstrução. Auxilia na remoção da timidez e da inibição, incentivando a iniciativa. Libera repressões, eleva a autoestima e dispersa sentimentos de cansaço e inércia.
- **Amarelo e dourado:** sabedoria, iluminação e inteligência emocional. Propicia o estudo, a criatividade, a inspiração, a força de criação e o raciocínio lógico.
- **Verde:** esperança, cura, fé, renovação, frescor, florescer interior, conexão com a natureza, cura emocional e desintoxicação.
- **Rosa:** cor do amor incondicional e da segurança afetiva. Estimula o afeto, o amor e a união. Ajuda particularmente no equilíbrio dos relacionamentos interno, afetivo e profissional.

- **Azul:** proteção, tranquilidade, espiritualidade, intuição. Traz paciência e serenidade, ajudando a tranquilizar o corpo e a mente. É indicada nos casos de insônia e estresse, pois ajuda a melhorar a qualidade do sono. Desacelera e estabiliza as emoções. Combate a obsessão e a impulsividade.
- **Violeta:** transmutação, purificação, espiritualidade. É indicada para limpeza energética. Facilita os processos meditativos e de autoconhecimento.
- **Branco:** paz interior, tranquilidade e leveza.
- **Prata:** ancoragem e aceleração evolutiva.
- **Preto:** segurança, autoconfiança e proteção energética.

Tempo de execução: o tempo que considerar satisfatório.

Benefícios: estão associados aos benefícios e características das cores mencionadas acima.

Neuromeditação® com respiração dinâmica

Para afastar estados de desânimo e procrastinação
(Rajas prānāyāma)

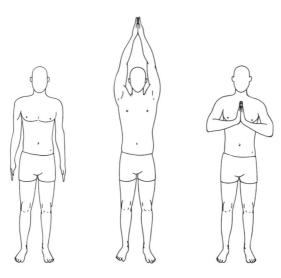

Execução do exercício:

1. Fique em *tadāsana* (postura da montanha), variação com os pés paralelos e alinhados com os quadris.

2. Inspire lentamente, contando o tempo e elevando os braços lateralmente até o alto.

3. Retenha o ar nos pulmões pelo dobro do tempo que levou inspirando, tocando as palmas das mãos em *añjali mudrā*.

4. Expire lentamente, gastando um período de tempo igual ao da inspiração e baixando lateralmente os braços.

5. Repita o exercício, respeitando sempre o ritmo do seu corpo.

6. Faça sempre movimentos lentos, amplos e sincronizados com a respiração.

7. Na última execução do exercício, em vez de descer os braços lateralmente, desça-os com as mãos unidas em frente ao peito e fique em silêncio por alguns instantes.

8. O tempo todo esteja consciente da energia vital (*prāna*) que você está absorvendo.

Tempo de execução: faça 15 ciclos respiratórios, respeitando o ritmo do seu corpo e lembrando-se de que cada ciclo inclui inspiração, retenção de ar nos pulmões e expiração.

Benefícios: desperta a consciência corporal; desenvolve a coordenação motora e a sincronia entre corpo e mente; estimula foco e concentração; elimina estados de desânimo e falta de energia e desenvolve um processo de meditação ativa, trazendo a mente ao "agora".

Neuromeditação® do mantra de comando quântico

Para autotransformação

- **Passo 1:** identifique dentro de você algo de que precise se libertar ou que queira transformar neste momento. Exemplo: "neste momento eu estou ansioso".

- **Passo 2:** reflita sobre qual seria o sentimento oposto a esse seu mal-estar, como se você estivesse criando um antídoto, um remédio para combatê-lo. Exemplo: "neste momento eu gostaria de vivenciar paciência, calma e paz".

- **Passo 3:** agora, coloque a frase em tempo real, como se você já estivesse vivenciando o seu desejo neste momento. Exemplo: "eu sou paciente, tranquilo e vivencio a paz". Repita essa frase quantas vezes forem necessárias ao longo do seu dia e procure efetivamente sentir, com riqueza de detalhes, este processo sendo vivenciado e assimilado por cada célula do seu corpo.

Importante: nunca coloque a frase em forma negativa ou com caráter de negação (contraexemplo: "eu não sou mais ansioso"). Seu cérebro assimila com mais facilidade comandos claros, precisos e diretos. Ao repetir palavras negativas, você envia mentalmente o mesmo comando, sentimento e significado associado à representação da palavra ansiedade.

Vamos compreender um pouco mais sobre os benefícios dos mantras e a importância desses comandos quânticos no tópico a seguir:

Compreendendo um pouco mais sobre o poder do mantra

Um mantra [do sânscrito, *man*, "pensamento", "mente" + *tra*, "instrumento" = "instrumento para o pensamento (adequado)"] pode ser entendido como um instrumento que nos permite pensar com nossa inteligência superior. Na tradição indiana, os mantras também são considerados uma revelação (*shruti*), ou seja, foram intuídos por homens sábios (*rishis*) quando se encontravam em estado meditativo. Durante anos, os mantras foram transmitidos de boca a ouvido, de mestre a discípulo, ou dos mais velhos aos mais novos nas tradições familiares. Embora se tenham originado no hinduísmo e sejam um *añga* da tradição *yogi*, os mantras também são utilizados no budismo e em outras culturas e religiões. E em todas as tradições culturais e religiosas eles expressam reverência, adoração e profundos sentimentos.

Antigas tradições cantam e repetem, há milênios, mantras considerados sagrados, mas um mantra pode ser qualquer som, sílaba, palavra, oração, frase ou texto repetido com a intenção e o poder vibracional de um mantra tradicional. Tudo aquilo que você fala com intenção e força de vontade pode construir um manancial de poder, transformando-se em um mantra. Sua palavra tem força e, antes mesmo que seja verbalizada, ela já se manifestou em sua mente. Você expressa o que carrega dentro de si. O que você tem cultivado em seu coração? Os mantras são facilitadores do processo de bem-estar por serem centralizadores de consciência: funcionam como foco para a mente se estabilizar, quanto mais usados, mais poderosos se tornam, pois grande parte do seu poder e da sua força energética vem da repetição e da devoção com que é pronunciado. Para cada um dos nossos *chakras* principais, existe um *bija mantra* (som semente) correspondente: *Lam* para o *chakra* básico; *Vam* para o sacral; *Ram* para o do plexo solar; *Yam* para o cardíaco; *Ham* para o laríngeo e *Om* para o frontal.

Essas palavras, há milênios repetidas, ganham cada vez mais força e encontram-se incorporadas ao inconsciente coletivo da humanidade.

Nossas palavras impactam diretamente a todas as nossas relações, em todos os níveis. Reflexos que são dos nossos pensamentos e sentimentos, as palavras tanto podem edificar nossa vida e nossas relações quanto destruí-las. Experimente conhecer diversas maneiras de se expressar em uma mesma situação. A palavra é o nosso portal de comunicação com o mundo externo. Os poetas da Antiguidade (*kavis*) já compreendiam a imensidão desse poder capaz de criar do lado de dentro bem como do lado de fora. Cada mantra é um verdadeiro poema para a alma que atua em nossa inteligência espiritual (*buddhi*), orientando a libertação de nossos pensamentos e a educação de nossas mentes e palavras. Plantamos flores em nosso jardim interior quando cantamos e reverenciamos o sagrado.

Tempo de execução: aquele que considerar satisfatório. Crie o seu próprio tempo, construa o seu próprio momento. E seja a sua essência, ESSENCIAL'MENTE!

Neuromeditação® com mantras milenares
Para desenvolver a espiritualidade e a expansão da consciência

Conforme já aprendido nesta obra, um mantra pode ser entendido como um instrumento que nos permite pensar com nossa inteligência superior. Veja a seguir os mantras que eu considero mais profundos e ao mesmo tempo acessíveis para que você possa desenvolver a prática, mesmo sozinho. Lembrando que, quanto mais utilizados, mais poderosos os mantras se tornam, pois grande parte do seu poder e da sua força energética vem da repetição e da devoção com que é pronunciado. Então, repita e cante os mantras a seguir quantas vezes sentir que seja necessário. Seja a sua essência, ESSENCIAL'MENTE!

Gāyatrī Mantra
Om Bhuh, Bhuvaha, Swaha
Tat Savitur Varenyam
Bhargo Devasya Dhimahi
Dhiyo Yonaha Prachodayat.

O *Gāyatrī Mantra* reverência a sabedoria e o discernimento para acessar nossas respostas internas e para identificar nossa verdadeira natureza e nosso propósito espiritual. Sua intenção é que, em todos os "mundos", possamos meditar sob o esplendor da luz do sol divino que nos ilumina. E que toda a luz dourada acalente nosso entendimento e nos guie em nossa jornada para a morada sagrada.

Om mani padme hum

Auṃ maṇi padme hūṃ

Esse é um poderoso mantra que exercita o despertar da consciência divina em nós. Traduz-se por "Salve (reverencie) a joia no lótus", sendo lótus o símbolo do nosso chakra do coração, onde reside nosso potencial de amar incondicionalmente. A joia é o nosso *Pūrushaṣa*, a essência sagrada que habita em nosso coração. O lótus é também a flor que nasce nas "trevas", mas não desiste de desabrochar em busca da luz.

Moola mantra

Om Sat Chit Ananda Parabrahma
Purushotama, Paramatma
Sri Bhagavathi Sametha
Sri Bhagavathe Namaha
Hari Om Tat Sat
Om

Esse mantra reverencia todas as manifestações sagradas do divino presentes no masculino, no feminino, na natureza, no contentamento, na Terra, no espírito e na verdade. Ele abre a alma do praticante para receber de todas essas consciências (que na verdade são apenas uma) todas as bênçãos necessárias.

Om tare tuttare ture svaha

Oṃ tāre tuttāre ture svāhā

Om são as imensuráveis qualidades do corpo, da fala e da mente de seres iluminados. *Tara* é a energia que liberta, a energia feminina associada à sabedoria, à iluminação, à flexibilidade, à realização de desejos, à dissolução de sofrimento e de medo, gerando empoderamento.

Esse mantra representa o desejo de que todas as bênçãos da Grande Mãe se enraízem em nosso coração, eliminem todas as nossas inseguranças e realizem o Absoluto em nós.

Lokah samastah sukhino bhavanthu

Lokah samastah sukhino bhavanthu

Esse é um mantra para a paz mundial, que desperta a compaixão e o amor. Pode ser traduzido assim: "Que todos os seres do mundo sejam felizes e estejam em paz". Os orientais acreditam que orar é a melhor forma de fazer alguma coisa por alguém ou por alguma causa. Como nós todos somos partes de um mesmo sistema, ao contribuirmos para a paz mundial, vamos também nos beneficiar.

Tempo de execução: aquele que considerar necessário e satisfatório.

Benefícios: aqueles mencionados acima nos textos referentes a cada mantra especificamente.

Neuromeditação® com japamala
Para foco e estabilização dos pensamentos

Para entoar mantras, os hindus utilizam o *japamala* [do sânscrito *japa*, "sussurrar", "repetir invocando" + *mala*, "cordão"], um artefato semelhante a um terço, tradicionalmente feito com sementes de *rudraksha*, uma árvore indiana. Os *japamala*s clássicos contêm 108 sementes, número sagrado para os hindus. Chegar ao *meru*, a conta central que marca o início e fim do *mala*, demonstra que você fez o seu *japa* por 108 vezes. Quanto mais você usa o *mala*, mais o energiza. A repetição constante de mantras parece arquivar novas informações no cérebro do praticante e transmutar seu padrão vibracional.

Para orar, os cristãos usam o rosário e o terço (que tradicionalmente correspondia à terça parte daquele). Acredita-se que o rosário se originou do tradicional *japamala* hindu. Reza a lenda que quando exploradores romanos chegaram à Índia e conheceram o *mala*, eles ouviram "jap mala" em vez de "japamala". Como *jap* significa "rosa", o *mala* teria sido levado ao Império Romano como *rosarium*. O rosário possui 50 contas, separadas de 10 em 10 por outra de maior tamanho, e seus extremos se unem em uma cruz. No total, são 54 contas, a metade do *japamala* de 108 contas.

Como usar um japamala

Em postura de meditação e com a respiração profunda e consciente, segure seu *japamala* com uma das mãos e, apoiando-o em seu dedo médio, utilize o polegar para puxar cada uma das 108 contas. Cada vez que o mantra (ou um nome) é mentalizado ou pronunciado, puxa-se uma conta (Fig. 35). Na cultura indiana, o dedo indicador não deve tocar as contas do *japamala*, pois representa o ego e está associado ao pensamento, e o objetivo da meditação é justamente o de superar a ação do ego e do pensamento compulsório. Para os hindus, o *meru* não deve ser contado como as demais 108 contas, porque é a representação de Brahman, o Absoluto, de nosso aspecto eterno e imutável. É o *meru* que marca o início e o final do ciclo do *japamala*. Ao terminar a passagem pelas 108 contas o praticante, caso queira fazer mais uma volta, não deve passar por cima do *meru*; em vez disso, deve virar o cordão e continuar a fazer o *japa* na direção inversa.

Execução da Neuromeditação® com o japamala:

Para executar esse exercício, você pode utilizar o mantra que quiser na contagem com seu cordão. Pode ser o som respectivo de cada chakra, uma palavra positiva que represente algo que você queira desenvolver, um mantra, ou mesmo uma oração. O *japamala* será uma ferramenta para que você se concentre e pronuncie essa intenção o número de vezes adequado para ativá-la energeticamente.

Tempo de execução: tempo de contagem do seu japamala.

Benefícios: concentração autopercepção, introspecção e estabilização dos pensamentos.

Neuromeditação® da introspecção e expansão da consciência

Para concentração, atenção e foco

1. Coloque-se em seu *dhyānāsana* preferido (sentado no chão, com as pernas cruzadas e a coluna ereta), ou sente-se em uma cadeira, com a coluna ereta.

2. Apoie as mãos sobre os joelhos, de forma relaxada.

3. Feche os olhos e concentre-se exclusivamente em um ponto azul localizado entre suas sobrancelhas. Esse é o seu objeto de meditação.

4. É natural que sua mente divague e que frequentemente você se "distraia" e pense em outras coisas, mas sempre que isso ocorrer, traga seu foco de volta para o seu objeto de meditação. Quando pensamentos intrusos chegarem à sua mente, calmamente e com gentileza retome o foco para seu objetivo.

Tempo de execução: permaneça nessa Neuromeditação® pelo tempo que considerar satisfatório, geralmente um iniciante consegue permanecer nessa meditação de 3 a 10 minutos.

Benefícios: estimula a concentração, o foco e a memória e contribui para a estabilização da mente e das emoções.

Dica essencial: assim como utilizamos o ponto de luz azul entre as sobrancelhas como objeto de foco, qualquer outro objeto pode ser usado, concentre-se em qualquer outra parte do corpo, com qualquer outra cor, ou até mesmo em algum órgão ou em sua simples respiração.

Neuromeditação® com relaxamento e escaneamento corporal

Para eliminar tensões mentais e musculares (Yoganidrā)

> Todo o Universo é apenas uma criação do pensamento (*Sankalpa*). Toda atividade mental é apenas uma criação do pensamento. Ultrapasse a mente que é feita de pensamentos e atinja o imutável (*Nirvikalpa*). Assim se obtém seguramente a paz, ó, Rama.
>
> (Svātmārāma, sūtra IV: 58 apud Martins, 2017)

O *yoganidrā* é uma técnica relativamente nova no universo do Yoga, e foi desenvolvido por Swami Satyananda Saraswati em 1935.

Nidrā significa sono, e *yoganidrā* é como um sono psíquico, uma espécie de vigilância serena, um estado entre o sono e a vigília (*yoganidravastha*), no qual o praticante vivencia um descanso corporal equivalente ao sono. Entretanto, ele está lúcido, consciente e acordado. A prática consiste em uma técnica de relaxamento profundo que elimina o estresse, a ansiedade e propicia um profundo bem-estar e recuperação energética.

O *sankalpa* é uma das partes integrantes dessa experiência e significa construir um propósito, uma resolução ou uma determinação interior que contribui para que o praticante se aproxime de suas realizações pessoais por meio de um molde energético e de visualizações criativas. Em síntese, *sankalpa* é uma frase curta, em forma de afirmação positiva e objetiva, que deve ser repetida e visualizada em momentos específicos do *yoganidrā*.

Segundo Martins (2017), a palavra *sankalpa* representa uma ideia, um conceito, um desejo, um propósito, uma determinação, uma resolução ou uma decisão. *Kalpa* significa preceito sagrado, lei, regra ou obrigação. Sendo assim, *sankalpa* não é qualquer pensamento, mas um pensamento dirigido por um objetivo superior ou por uma vontade.

Por outro lado, *vikalpa* significa dúvida, dualidade e indecisão diante de alternativas; e *nirvikalpa* significa a negação disso, ou seja, uma situação em que não há dúvidas, nem alternativas, nem distinções ou contrários, mas algo determinado, inabalável e fixo. Existe um tipo especial de *samādhi* chamado de *nirvikalpa*, descrito nos *Yogasūtras*, no qual desaparecem as distinções e as dualidades, ocorrendo uma fusão completa e desaparecendo as diferenças entre aquele que conhece, o ato de conhecer e aquilo que é conhecido. Uma comparação utilizada para descrever é o de uma gota de água ou um rio que se funde ao oceano. (Martins, 2017, p. 166)

Dormir mal gera cansaço, falta de foco e de atenção, dificuldade de concentração, irritabilidade, memória fraca, entre outros efeitos negativos. Tudo isso pode ser trabalhado e transformado pelo *yoganidrā*, que é um excelente antídoto para insônia.

Com a constante prática do *yoganidrā*, você "domina" mais o seu sono, dormindo instantaneamente quando quiser ou sentindo menos necessidade de dormir, pois o *yoganidrā* revitaliza as energias do corpo, e poucos minutos de execução equivalem a muitas horas de sono. Porém, é de fundamental importância enfatizar que o domínio do sono não é o objetivo da prática, mas, sim, um dos benefícios advindos dela.

O *yoganidrā*, geralmente realizado na postura de *shavāsana* ou *savāsana* (veja ilustração), relaxa tanto o corpo que você chega a ponto de se desligar totalmente dele, projetando-se à consciência. Nesse estado, os referenciais de tempo, espaço, tamanho, comprimento e outros se tornam relativos e você se faz uno com o Universo, integrando-se a ele sente o corpo anestesiado e um total desligamento dos sentidos (abstração sensorial).

Durante a execução do *yoganidrā* é importante que você mantenha a estabilidade e a mobilidade corporal, evitando também abrir os olhos até o final do exercício. Para os ansiosos, essa técnica pode ser difícil a princípio, mas com a prática a adaptação acontece. A mente ansiosa, ao perceber sinais de acesso ao inconsciente, ativa algumas armadilhas corporais num processo de fuga e esquivamento: síndrome das pernas inquietas, coceiras, dores musculares, desconfortos e outros.

Fig. 16 - *Shavāsana* ou *savāsana*

Porém, com persistência e dedicação, o *yoganidrā* pode representar uma das práticas mais prazerosas e relaxantes da experiência de quem pratica Yoga. É o *añga* preferido de muitos alunos. Essa valiosa técnica permite acesso ao *chidākāsha* (espaço do conhecimento).

O *yoganidrā* é constituído de oito etapas:

1. **Preparação corporal:** *shavāsana* (postura de relaxamento).
2. **Sankalpa:** criação do propósito ou resolução interior.
3. **Relaxamento:** rotação de consciência e descontração por todo o corpo.
4. **Respiração:** profunda e relaxante como amplificadora do processo.
5. **Ativação das percepções e sensações corporais:** frio, calor, peso e leveza.
6. **Mentalização ou projeção da consciência:** visualização pelo praticante de atividades que lhe proporcionem bem-estar. Por exemplo, ele pode se ver realizando *āsanas*, harmonizando seus chakras, imaginando yantras (símbolos) específicos, visualizando-se em meio à natureza, conectando-se com a vibração das cores, cantando mantras, viajando para algum local, etc.
7. **Repetição do seu *sankalpa*:** sentindo-o e visualizando-o com riqueza de detalhes.
8. **Retorno à consciência pelos cinco sentidos:** visão, audição, tato, paladar e olfato.

Tecnicamente, pode-se dizer que a *Yoganidrā* é recomendada porque diminui a excitação neuromuscular e a hiperatividade sensorial, intensifica o ritmo alfa e diminui os reflexos patelares até quase os suprimir. Portanto, o sistema nervoso obtém o mais profundo repouso, o equilíbrio da circulação do sangue e a regularização da sua distribuição, diminuindo rapidamente a hipertensão arterial de 10% a 20%. De quebra, alivia o trabalho do coração, tornando-o mais fácil. Também provoca um acréscimo real de peso nos braços e nas pernas, causado pelo relaxamento muscular; aumenta o volume de sangue nas veias e capilares dilatados e aumenta a temperatura da pele e as trocas calóricas com o ambiente externo. Os resíduos, as toxinas e os produtos da oxidação são varridos do sistema. Como acabamos de constatar, pelo menos no plano metabólico, a *Yoganidrā* é um estado de repouso muito mais profundo que o próprio sono, produzindo um menor consumo de oxigênio. Esse decréscimo varia entre 16 a 18% durante o relaxamento, contra apenas 8% no sono. Como o repouso é considerado uma condição básica para ativação dos processos de autorreparo, ou homeostáticos, e regenerativos do organismo, ele cria um estímulo reflexo nos mecanismos celulares dos tecidos musculares, que se regeneram, ocorrendo um rejuvenescimento completo do corpo. Podemos concluir que a *Yoganidrā* é um estado de super-repouso-vigília.

(Borell a et al., 2007, p. 31)

Tempo de execução: de 10 a 30 minutos, variando de acordo com a necessidade do momento.

Benefícios: profundo relaxamento, acesso ao mundo inconsciente e regeneração energética.

Neuromeditação® de reprogramação

Para reprogramação mental e ressignificação de traumas

Leia as frases abaixo com todo o seu coração, quantas vezes sentir necessário:

- Meu Uni'verso inconsciente, todos os medos que recebi do primeiro dia da minha existência até hoje, neste exato momento, acabam!
- Meu Uni'verso inconsciente, todas as raivas que recebi do primeiro dia da minha existência até hoje, neste exato momento, acabam!
- Meu Uni'verso inconsciente, todas as preocupações que recebi do primeiro dia da minha existência até hoje, neste exato momento, acabam!
- Meu Uni'verso inconsciente, todas as ansiedades que recebi do primeiro dia da minha existência até hoje, neste exato momento, acabam!
- Meu Uni'verso inconsciente, todos os comportamentos destrutivos que recebi do primeiro dia da minha existência até hoje, neste exato momento, acabam!
- Meu Uni'verso inconsciente, todas as inseguranças que recebi do primeiro dia da minha existência até hoje, neste exato momento, acabam!
- Meu Uni'verso inconsciente, todos os registros negativos que recebi do primeiro dia da minha existência até hoje, neste exato momento, acabam!
- Meu Uni'verso inconsciente, todas as tristezas que recebi do primeiro dia da minha existência até hoje, neste exato momento, acabam!
- Meu Uni'verso inconsciente, todos os traumas que recebi do primeiro dia da minha existência até hoje, neste exato momento, acabam!
- Meu Uni'verso inconsciente, todas as rejeições que recebi do primeiro dia da minha existência até hoje, neste exato momento, acabam!
- Meu Uni'verso inconsciente, todos os desamores que recebi do primeiro dia da minha existência até hoje, neste exato momento, acabam!
- Meu Uni'verso inconsciente, todos os abandonos que recebi do primeiro dia da minha existência até hoje, neste exato momento, acabam!

- Meu Uni'verso inconsciente, todas as heranças genéticas negativas que recebi do primeiro dia da minha existência até hoje, neste exato momento, acabam!
- Meu Uni'verso inconsciente, todas as crenças limitantes que recebi do primeiro dia da minha existência até hoje, neste exato momento, acabam!
- Meu Uni'verso inconsciente, todas as frustrações que recebi do primeiro dia da minha existência até hoje, neste exato momento, acabam!
- Meu Uni'verso inconsciente, todos os sentimentos de inferioridade que recebi do primeiro dia da minha existência até hoje, neste exato momento, acabam!
- Meu Uni'verso inconsciente, toda a inveja que recebi do primeiro dia da minha existência até hoje, neste exato momento, acaba!
- Meu Uni'verso inconsciente, todas as energias negativas que recebi do primeiro dia da minha existência até hoje, neste exato momento, acabam!
- Neste sagrado e presente momento, transmuto e transformo todas as experiências negativas anteriores.
- Neste sagrado e presente momento, ressignifico a minha história e me conecto com a minha essência, que é luz e amor.
- Neste sagrado e presente momento eu me abro para a mais profunda experiência da vida.
- Neste sagrado e presente momento, eu cocrio a realidade que espero e conquisto tudo que eu mereço!
- Eu sou luz! Eu sou amor! Eu sou consciência! Eu me transformo!
- Eu sou a minha essência, ESSENCIAL'MENTE!

Tempo de execução: aquele que considerar necessário e satisfatório.

Benefícios: alívio emocional, reprogramação mental e auxílio na ressignificação de traumas.

Neuromeditação® de autorreflexão

Para autoanálise e gerenciamento interior

Pegue um papel e uma caneta, ou mesmo utilize o bloco de notas do seu celular. Esta prática de Neuromeditação* consiste em simplesmente refletir sobre os hábitos que você necessita eliminar e aqueles que precisa adquirir e desenvolver no momento. Quando nos organizamos interiormente no plano mental, ficamos mais próximos da concretização de nossos objetivos no plano da matéria. O mundo externo é um reflexo do nosso mundo interior. A seguir disponibilizo um espaço físico para caso queira escrever no seu próprio livro.

Você é livre! Você está livre! Liberte-se e expresse o que sentir necessidade! Deixe brilhar a sua luz e se organize!

Hábitos a eliminar:	Hábitos a adquirir:

Tempo de execução: aquele que considerar necessário e satisfatório.

Benefícios: autorreflexão, autoanálise e organização interior e exterior.

Neuromeditação® da gratidão diária

Caderno ou Pote da Gratidão

Quando nos sentimos gratos, ativamos o sistema de recompensa do cérebro, localizado numa área chamada *núcleo accumbens*, responsável pela sensação de bem-estar e prazer. Quando o cérebro reconhece nosso sentimento de gratidão por algo que nos aconteceu, dá-se a liberação de dopamina, importante neurotransmissor que aumenta a sensação de regozijo e faz com que pessoas frequentemente gratas experimentem níveis elevados de vitalidade, otimismo, relaxamento e satisfação. A gratidão estimula também a liberação de ocitocina, hormônio que gera paz interior e tranquilidade, estimula os vínculos afetivos e reduz a angustia, o estresse e a ansiedade, facilitando o controle de estados mentais negativos e desnecessários.

Pegue um papel e uma caneta, ou mesmo utilize o bloco de notas do seu celular, esta prática de Neuromeditação* consiste em simplesmente manifestar (escrevendo ou verbalizando) tudo aquilo pelo que você se sente grato em sua vida. Se preferir, tenha um potinho, de forma que possa registrar seus agradecimentos em "papeizinhos" e depositar cada um deles, dentro de seu pote da gratidão. Ou utilize um caderno da gratidão especialmente para esta finalidade, ou então verbalize seus agradecimentos em frente ao espelho. Se preferir, registre nas pautas do próprio livro:

_____

_____

_____

_____

_____

Tempo de execução: aquele que considerar necessário e satisfatório.

Benefícios: liberação de hormônios de prazer, sensação de pertencimento, sentimento de completude e conexão com o Uni'verso.

Neuromeditação® do Ho'oponopono

Para libertação de padrões mentais negativos e desenvolvimento da compaixão, do perdão e da humildade

Ho'oponopono pode ser compreendido como "corrigir um erro", uma técnica que permite a libertação de memórias dolorosas e padrões mentais negativos que influenciam diretamente suas experiências e sua qualidade de vida.

À medida que a memória inconsciente é limpa, abre-se espaço para que o amor, a compaixão, o perdão, a humildade e a gratidão preencham o vazio dentro de você.

Divino Criador, Pai, Mãe, Filho!

Se eu, minha família, meus parentes e antepassados ofendemos você, sua família, parentes ou antepassados em pensamentos, atos ou ações, desde o início de nossa criação até o momento, nós pedimos o seu perdão. Deixe que isso se limpe, purifique, libere e corte todas as memórias, bloqueios, energias e vibrações negativas. Transmute essas energias indesejáveis em pura Luz. E assim é.

SINTO MUITO, ME PERDOE, TE AMO, SOU GRATO.

Declaro-me em paz com todas as pessoas da Terra e com quem tenho dívidas pendentes. Por esse instante e em seu tempo e por tudo o que não me agrada de minha vida presente.

SINTO MUITO, ME PERDOE, TE AMO, SOU GRATO.

Libero todos aqueles de quem acredito estar recebendo danos e maus tratos, porque simplesmente me devolvem o que fiz a eles antes, em alguma vida passada.

SINTO MUITO, ME PERDOE, TE AMO, SOU GRATO.

Ainda que me seja difícil perdoar alguém, sou eu quem peço perdão a esse alguém agora, por este instante, em todo o tempo, por tudo o que não me agrada em minha vida presente.

SINTO MUITO, ME PERDOE, TE AMO, SOU GRATO.

Por este espaço sagrado que habito dia a dia e com o qual não me sinto confortável.

SINTO MUITO, ME PERDOE, TE AMO, SOU GRATO.

Pelas difíceis relações das quais guardo somente lembranças ruins.

SINTO MUITO, ME PERDOE, TE AMO, SOU GRATO.

Por tudo o que não me agrada na minha vida presente, na minha vida passada, no meu trabalho e no que está ao meu redor, Divindade, limpa em mim o que está contribuindo para a minha escassez.

SINTO MUITO, ME PERDOE, TE AMO, SOU GRATO.

Se meu corpo físico experimenta ansiedade, preocupação, culpa, medo, tristeza e dor, eu pronuncio e penso: minhas memórias, eu te amo! Estou agradecido pela oportunidade de libertar vocês e a mim.

SINTO MUITO, ME PERDOE, TE AMO, SOU GRATO.

Neste momento, afirmo que TE AMO. Penso na minha saúde emocional e na de todos os meus seres amados… TE AMO.

Para minhas necessidades e para aprender a esperar sem ansiedade, sem medo, reconheço as minhas memórias aqui neste momento.

SINTO MUITO, TE AMO.

Tempo de execução: aquele que considerar necessário e satisfatório.

Benefícios: liberação de memórias reprimidas e transmutação emocional.

Neuromeditação® reflexiva

Para adquirir respostas do seu Eu Superior

Faça as perguntas a seguir para si mesmo. Você pode olhar para um espelho e enxergar as respostas em seus próprios olhos, ou pode registrar suas perguntas em um papel. Se quiser, escreva aqui mesmo, no seu manual de Neuromeditação˚. Não se preocupe caso ainda não tenha clareza de alguma resposta, continue investigando-se interiormente e nunca desista de compreender o seu mundo interior, afinal, nem sempre são as respostas que movem o mundo, algumas vezes são as perguntas. Pratique e seja a sua essência, ESSENCIAL'MENTE!

O que eu mereço?

Qual vida eu quero para mim?

O que eu acredito sobre a vida?

As coisas nas quais eu acredito realmente fazem sentido para mim?

O que eu acredito sobre o meu Ser? (Positivo e Negativo)

O que é realmente importante na minha vida?

No que eu tenho escolhido acreditar?

O que me incomoda na minha personalidade?

O que outras pessoas dizem sobre mim que eu não concordo?

O que outras pessoas dizem sobre mim que eu concordo?

Em que aspectos eu me diferencio das outras pessoas?

Uso meus dons a meu favor?

O que eu tenho de melhor?

Quais relacionamentos eu desejo e cultivo para minha vida?

Onde quero estar daqui a cinco anos e o que estou fazendo agora para chegar lá?

A criança que eu fui um dia teria orgulho do adulto que sou hoje?

O que me faz feliz? Eu tenho feito isso?

Estou vivendo evitando o desprazer ou estou buscando o prazer?

Estou agindo baseado no orgulho ou no amor?

Estou maximizando meus talentos e trabalhando meus pontos fracos?

Eu tenho um plano estratégico para me realizar?

Quais pessoas eu tenho escolhido (ou me acomodado) a conviver? (Pessoas que me inspiram a ser melhor ou pessoas que se calem diante das minhas dificuldades?)

Qual a minha essência e onde me sinto melhor?

Estou no caminho certo?

Tenho clareza das lacunas em relação ao meu trabalho?

Como eu me sinto ao final do dia?

Estou cumprindo a minha missão neste mundo?

Qual história eu quero contar para meus netos?

O que está me impedindo de realizar os meus sonhos?

Onde estão as minhas limitações?

Qual o meu nível de comprometimento com os meus objetivos?

Tempo de execução: aquele que considerar necessário e satisfatório.

Benefícios: autoconhecimento e conquista de respostas do Eu Superior.

Neuromeditação® com *tamas prāṇāyāma*

Respiração Estática

Execução do exercício:

1. Coloque-se em seu *dhyānāsana* preferido (sentado no chão, com as pernas cruzadas e a coluna ereta), ou sente-se em uma cadeira, com a coluna ereta.
2. Apoie as mãos sobre os joelhos, com os dedos indicadores unidos aos polegares. As palmas das mãos devem acompanhar o movimento do Sol, que é nossa principal fonte de *prāna*: quando for dia, deixe-as viradas para cima (*jñana mudrā*); quando for noite, para baixo (*chin mudrá*). Esses *mudrās* promovem um fecho de energia que impede que o *prāna* absorvido seja disperso.
3. Inspire o mais lento possível, como se nem um pontinho de poeira pudesse ser inalado tamanha a suavidade presente no seu movimento respiratório.
4. Expire tão devagar quanto fez na inspiração, por um período de tempo igual.
5. Recomece e dê continuidade ao exercício.
6. O tempo todo esteja consciente da energia vital (*prāna*) que você está absorvendo.

Tempo de execução: de 5 a 10 minutos de exercício.

Benefícios: sereniza o coração e a mente, desenvolvendo a clareza emocional e mental, a paz interior e a introspecção. Excelente para ser utilizado antes de exercícios de *dhāranā* (concentração) e *dhyānam* (meditação).

Neuromeditação® com *bhāstrika*

Respiração do sopro rápido

Pegue um lenço de papel para realizar esse exercício. Não o realize caso esteja com as narinas obstruídas (entupidas).

Execução do exercício:

1. Coloque-se em seu *dhyānāsana* preferido (sentado no chão, com as pernas cruzadas e a coluna ereta), ou sente-se em uma cadeira, com a coluna ereta.

2. Apoie as mãos sobre os joelhos, una os dedos indicadores aos polegares e vire as palmas das mãos para cima (*jñana mudrā*), se for dia, ou para baixo (*chin mudrā*), se for noite.

3. Inspire profundamente.

4. Sem reter o ar, expire vigorosamente, puxando o abdômen para dentro.

5. Vá acelerando gradualmente a respiração, levando-a ao ponto máximo em agilidade e intensidade.

6. Gradualmente, vá diminuindo a intensidade e a agilidade com que vinha fazendo o exercício, até cessá-lo.

7. Cessado o exercício, respire naturalmente por 30 segundos.

8. Reinicie o exercício.

9. O tempo todo esteja consciente da energia vital (*prāna*) que você está absorvendo.

Tempo de execução: faça inicialmente três ciclos de *bhāstrika* e vá aumentando o número à medida que for se acostumando com o processo.

Benefícios: devido à grande absorção de oxigênio e à eliminação do dióxido de carbono (CO_2) do sangue, em curto intervalo de tempo, esse exercício promove intenso aquecimento corporal, alcaliniza o sangue, aumenta a capacidade pulmonar e favorece o condicionamento aeróbico.

Neuromeditação® solar

Respirando com a energia vital e dourada do Sol

- Coloque-se em seu *dhyānāsana* preferido (sentado no chão, com as pernas cruzadas e a coluna ereta), ou sente-se em uma cadeira, com a coluna ereta.
- Inspire profundamente pelas narinas, contando até cinco e expire pelas narinas, contando também até cinco.
- Imagine a imagem de um sol em sua barriga: ele vai crescer e envolver todo o seu corpo quando você inspirar e vai se concentrar em sua barriga, quando você expirar.
- Faça esse exercício pelo tempo que sentir satisfatório e visualize-se a todo momento vibrando, iluminado como um sol dourado.

Tempo de execução: de 3 a 10 minutos.

Benefícios: revitalização, despertar da intuição e desenvolvimento da inteligência emocional.

Neuromeditação® da regeneração planetária

Cuidando do Planeta Terra

- Coloque-se em seu *dhyānāsana* preferido (sentado no chão, com as pernas cruzadas e a coluna ereta), ou sente-se em uma cadeira, com a coluna ereta.
- Respire calma e profundamente.
- Coloque uma mão na altura do umbigo, com a palma voltada para cima, e a outra mão em frente ao peito, com a palma voltada para baixo (mantendo uma palma da mão virada de frente para a outra).
- Imagine o Planeta Terra entre suas mãos, girando e sendo iluminado e abençoado por todo o seu amor e cuidado.
- Envie uma energia de intenso amor, em tons de rosa brilhante, para todos os seres que vivem neste Planeta, bem como para as pessoas, plantas, animais e até mesmo para os objetos.
- Preencha tudo com a energia do amor! Coloque toda a sua intenção de amar! E seja a sua essência, ESSENCIAL'MENTE!

Tempo de execução: de 3 a 10 minutos

Benefícios: conexão com a mãe natureza e com os seres, altruísmo, amor, doação e atuação como um instrumento de luz para o Uni'verso.

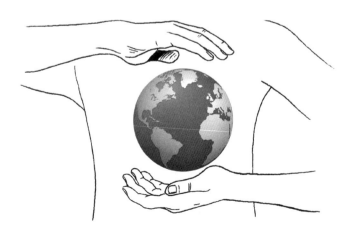

Neuromeditação® da arte interior

Expressando as emoções e desenvolvendo
a intuição com as mandalas

- Para fazer esta prática, pegue alguns papéis em branco e lápis de cor.
- Esteja livre para desenhar aquilo que quiser e sentir, podendo ser qualquer coisa. Expresse seus sentimentos mais íntimos!
- Enquanto estiver desenhando, faça do processo uma grande imersão meditativa. Esteja 100% presente nas cores, nos formatos, nas texturas e nas emoções que emergirem. Caso sua mente disperse, com amor e carinho, traga-a de volta ao presente, ao seu trabalho, à sua expressão.
- Quando concluir seu desenho (no seu tempo) faça a si mesmo três perguntas:
  1. O que eu desenhei?
  2. Por que eu desenhei?
  3. O que senti enquanto desenhava?

Dica Essencial: Neuromeditação® colorindo a sua mandala!

Você pode realizar essa técnica de Neuromeditação° colorindo mandalas prontas, ou mesmo criando as suas próprias mandalas! Disponibilizo nas próximas páginas dois desenhos de mandalas para que você possa colorir, expressando a sua essência, ESSENCIAL'MENTE!

Compreendendo sobre as mandalas

A mandala é um diagrama composto de formas geométricas concêntricas que representa o Universo. Nascida nas tradições do Oriente, no berço da língua sânscrita, a mandala retrata um "círculo", simbolizando a continuidade e a ciclicidade da vida e do Uni'verso.

Trata-se de um símbolo de harmonização, que contribui para o processo de autoconhecimento e é utilizada desde os tempos remotos, tanto em rituais sagrados quanto como instrumento de meditação. Mandalas contribuem para que a mente possa se estabilizar atuando como ponto de convergência para forças mentais e universais, estimulando a expressão das emoções mais profundas que habitam no íntimo daqueles que as colore.

Ao se concentrar na mandala, sua mente segue o fluxo energético presente naquele simbolismo e é guiada pelos processos de ressignificação e reintegração. Ao colorir as imagens, ou mesmo ao construir a sua própria mandala, você poderá desfrutar de diversos benefícios terapêuticos, além de conduzir gentilmente a sua mente ao processo de meditação. Neste processo ocorre o estabelecimento de um foco, que é especificamente colorir a sua mandala, sendo assim, sempre que naturalmente seus pensamentos se dispersarem, volte a sua atenção para esse núcleo de energia que, segundo Jung (1982), atua na busca pela unidade total do Eu, conforme podemos compreender mais profundamente com um trecho do artigo científico disponibilizado abaixo:

> Mandala – termo originado do sânscrito que significa "círculo", particularmente, "círculo mágico" (Jung & Wilhelm, 1929/1983, p. 38) – designa as figuras geométricas formadas a partir do centro de um círculo ou de um quadrado, configurando um espaço sagrado. [...] Carl Gustav Jung (1875-1961) incorporou a ideia do mandala em sua Psicologia Analítica, como o símbolo que expressa o Si-mesmo, o arquétipo da totalidade, ápice do processo de individuação. Para ele, esse símbolo é uma constante em todas as culturas, religiões e práticas esotéricas, pois aponta para a convergência em direção a um ponto central, o centro da psique objetiva: "Mandala exprime o Si-mesmo, a totalidade da personalidade" (Jung, 1961/1985, p. 173). Assim, segundo Jung (1961/1985), a mandala simboliza o caminho que leva à individuação e se constitui na "descoberta última a que poderia chegar" (p. 174).
>
> (Raffaelli, 2009, pg. 47)

Tempo de execução: o seu tempo!

Benefícios: assertividade para expressar emoções e sentimentos. Desenvolvimento da espiritualidade, da intuição e da conexão com o sagrado que habita dentro de si e do Uni'verso. Os benefícios cromoterápicos que envolvem a utilização de cada cor. Sentimento de liberdade e de libertação.

Pilares da Neuromeditação® | 191

Neuromeditação® com a aromaterapia

Despertando a paz interior

- Pingue uma gotinha de óleo essencial em uma de suas mãos. Caso não o tenha, utilize algum creme com aroma agradável e acolhedor.
- Em seguida, atrite uma mão com a outra e leve-as próximas ao rosto (sem tocá-lo), respirando profundamente o aroma.
- Perceba o ar entrando pelas narinas, percorrendo os condutos respiratórios e enchendo os pulmões de luz e de tranquilidade.
- Conscientize-se constantemente de que, ao inalar, você estará absorvendo paz interior.

Tempo de execução: de 3 a 6 minutos.

Benefícios: despertar da paz interior e dos benefícios específicos dos óleos essenciais utilizados.

Dicas Essenciais

- *Cuidados*: lembre-se de não tocar em seu rosto e também de lavar as mãos após realizar esse exercício, caso não tenha certeza de que está familiarizado com o produto que você utilizou.

- *Dosagem do óleo essencial*: geralmente não utilizamos o óleo essencial puro diretamente no corpo, mas para o caso de usar somente uma gota e lavando em seguida, é pouco provável que reações maiores se desenvolvam. Caso o óleo em questão seja muito "forte" ou muito ácido, você pode misturá-lo com um óleo carreador, como, por exemplo, óleo de coco, óleo de gergelim, óleo de girassol, dentre outros...

- *O produto escolhido*: dê preferência para produtos de marcas 100% naturais e se assegure de que não tenha nenhum tipo de reação alérgica ou intolerância a eles.

- *Óleo Essencial de Lavanda*: caso você precise optar por um óleo essencial para inalar, opte pela essência da lavanda. Ela tem diversas propriedades terapêuticas, tal como ação antifúngica, analgésica, anti-inflamatória, bactericida, sedativa, cicatrizante e, especialmente, calmante. O óleo essencial de lavanda é um dos únicos que pode ser aplicado diretamente sobre a pele e comumente utilizado para aliviar tensão muscular, estresse, ansiedade e insônia. Pesquisas científicas comprovam a ação ansiolítica da lavanda, apontando que ela é tão eficaz quanto o benzodiazepínico lorazepam, porém com o benefício da ausência de dependência e síndrome de abstinência (Silenieks et al., 2013). Estudos demonstram sua eficácia em adultos com desordem de ansiedade generalizada (Woelk; Schläfke, 2010) e também em situações de estresse pós-traumático, apontando significativa redução do estresse em voluntários humanos submetidos à inalação do óleo essencial (*Lavandula angustifolia*). Isso porque ela reduz o influxo de cálcio nos terminais pré-sinápticos em neurônios hiperexcitados pré-sinápticos do hipocampo, e a liberação de neurotransmissores excitatórios, como o glutamato (Carrasco et al., 2013; Schuwald et al., 2013).

Compreendendo um pouco mais sobre a aromaterapia e utilização dos óleos essenciais

Os óleos essenciais são substâncias vegetais voláteis e extremamente concentradas, extraídas a partir de flores, frutos, sementes, folhas, raízes e outras partes das plantas por diferentes métodos de extração. Eles penetram em nosso organismo ao serem inalados ou através da pele e, assim, são absorvidos pela corrente sanguínea e metabolizados pelo corpo.

Um óleo essencial possui diversos componentes químicos, que proporcionam as mais variadas propriedades terapêuticas, analgésicas, antissépticas, anti-inflamatória, antiviral, ansiolítica, anti-histamínica, digestiva, estimulante, emulsificadora de gorduras, relaxante muscular e várias outras que atuam na recuperação, no fortalecimento e no equilíbrio da nossa saúde física, mental, emocional e energética.

Mesmo não sendo um especialista da área, você pode utilizar os óleos essenciais no seu dia a dia, usufruindo de seus benefícios e do potencial terapêutico, porém, mesmo sendo 100% natural, a utilização do óleo essencial exige certos cuidados extremamente importantes, dentre eles, podemos citar como exemplo a cautela que devemos ter para que os óleos essenciais sejam sempre administrados diluídos – por serem altamente concentrados – caso contrário, podem ocasionar diversos problemas, como, por exemplo, uma queimadura na pele. Por esse motivo, e por diversos outros, é muito importante que, inicialmente, você conte com uma orientação profissional, tanto para compreender como utilizá-los quanto para ser orientado sobre qual a essência mais apropriada para suas necessidades naquele determinado momento. Sendo assim, para utilizar os óleos essenciais em toda a sua extensão terapêutica é muito importante que você se aprofunde na temática, com base em um curso específico, ou que consulte um aromaterapeuta de sua confiança. Eu sugiro aos neuromeditadores uma utilização simples, prática, segura e assertiva com o uso do óleo essencial de lavanda, pelo fato de ele ser um óleo essencial "curinga", podendo ser utilizado com maior segurança.

Pela inalação, as moléculas aromáticas dos óleos essenciais são assimiladas pelas narinas, transmitindo sua mensagem por via do bulbo olfativo para o sistema límbico, responsável por nossas memórias, sentimentos e emoções. O poder dos óleos essenciais é tão forte que, mesmo pessoas que possuem anosmia parcial ou definitiva – ou seja, quem não sente cheiro – podem se beneficiar das propriedades terapêuticas dos óleos essenciais, afinal, não é o aroma em si quem proporciona os benefícios, mas, sim, as substâncias químicas que compõem suas moléculas aromáticas.

A ciência dos aromas está presente no mundo há milhares de anos e o uso das ervas aromáticas sempre esteve presente nas civilizações mais antigas para tratar doenças, para fins religiosos e até mesmo estéticos.

Aromaterapia, portanto, é uma terapia integrativa que utiliza as propriedades terapêuticas dos óleos essenciais, extraídos de plantas, para promoção da saúde e do bem-estar das pessoas de forma integral, atuando no campo físico, mental, emocional e energético.

Neuromeditação® do amor e da compaixão
Fortalecendo os laços afetivos

- Escolha alguém para quem você queira demonstrar o seu amor no dia de hoje.
- Pense nos momentos bons que já viveram juntos e em tudo que você poderia agradecer a essa pessoa. Pense em todas as características positivas que ela tem.
- Você pode escolher ao invés de uma pessoa, o seu animal de estimação, uma árvore ou qualquer ser vivo.
- Se for uma pessoa, pode ser um colega do trabalho ou da faculdade, o seu amor, um familiar ou até mesmo você!
- Procure esse Ser e diga, com muito amor e afeto, sobre tudo o que você refletiu e, por fim, verbalize para ele: "Eu te amo!".
- Caso possa abraçá-lo, ótimo, faça-o com muita força e carinho. Caso não possa, visualize esse processo acontecendo.
- Se esse Ser estiver enfrentando algum momento difícil, forneça a ele palavras de conforto e de acolhimento. O mais importante é que você demonstre a este Ser o quanto ele é querido, amado, especial e que nunca estará sozinho.
- Irradie todo o seu amor e compaixão a essa forma de vida e perceba os frutos que irá colher internamente e no relacionamento. A melhor definição de compaixão é a "compreensão do estado emocional e dos sentimentos de outra pessoa", bem como, "demonstrar especial gentileza à dor do outro."

Tempo de execução: aquele que o seu coração pedir e que a experiência demandar! Faça com amor e seja a sua essência, ESSENCIAL'MENTE!

Benefícios: desenvolvimento do amor, da compaixão, do companheirismo e fortalecimento dos vínculos afetivos.

Neuromeditação® da dança
Dançando a dança da alma

- Reflita sobre qual é a sua música preferida e por quê.
- Coloque essa música e feche seus olhos.
- Dance e cante livremente, sentindo de forma meditativa cada pequeno movimento e respiração presente em seu próprio corpo. Solte-se e liberte-se por completo!
- Deixe seus movimentos livres e fluidos e utilize o seu corpo como uma ferramenta para que você possa se expressar livremente!
- Mantenha essa prática até a música acabar.

Dicas Essenciais: caso se sinta mais à vontade use uma venda para tampar os seus olhos. Não é preciso necessariamente utilizar somente a sua música "preferida", você pode optar por aquela que o seu coração lhe pedir naquele determinado momento.

Tempo de execução: o tempo de duração da música.

Benefícios: estímulo à livre expressão e enfrentamento da vergonha e da timidez.

Neuromeditação® ativando a percepção e a memória

- Coloque-se em seu *dhyānāsana* preferido (sentado no chão, com as pernas cruzadas e a coluna ereta), ou sente-se em uma cadeira, com a coluna ereta.
- Escolha um objeto de sua preferência e olhe fixamente para ele por um minuto, arquivando em seu cérebro todas as suas características, em cada pequeno detalhe. Preste atenção à sua forma, ao seu tamanho, ao seu aroma e a todas as outras caraterísticas que o envolvem.
- Em seguida, feche os olhos e, por mais 1 minuto, continue visualizando esse objeto em sua mente, com riqueza de detalhes.

- Você pode realizar essa experiência com um, dois ou mais objetos diferentes.

Tempo de execução: 2 minutos com cada objeto que escolher, ou seja, caso sejam muitos objetos, você deverá realizar pelo tempo correspondente a cada um deles.

Benefícios: ativação da criatividade, da percepção, da memória e do dinamismo mental.

Neuromeditação® do Sagrado Feminino

Disponibilizo essa meditação especialmente para as mulheres, para que possam exercitar o Sagrado Feminino em seus corações. O Sagrado Feminino é uma filosofia que resgata ensinamentos sobre aspectos físicos, mentais, cíclicos e gestacionais da mulher. É a consciência da capacidade de criação, do empoderamento, do acolhimento, da empatia, da sonoridade, da igualdade e da autovalorização, uma reconexão consigo mesma e a sua integração com a mãe natureza, a apropriação do corpo em sua totalidade, a libertação de padrões exigidos pela sociedade e a união de mulheres para se cuidarem e se fortalecerem.

Querido leitor do sexo masculino, neste momento você pode estar se perguntando: "mas por que uma meditação especial para as mulheres? Por que não uma especial também para os homens?" Vou explicar: nossa sociedade tem uma dívida cultural com as mulheres. Por mais que as oportunidades tenham se expandido um pouco para as mulheres é muito importante que possamos reconhecer o lugar de privilégio que o homem ainda ocupa. Mulheres, infelizmente, estão mais vulneráveis à violência, tanto física quanto psicológica e, naturalmente, devido à nossa sociedade machista, ainda precisam muito de um cuidado especial, tanto no que diz respeito ao empoderamento quanto ao acolhimento. Porém eu me direciono a você, homem, aqui, porque tenho um pedido a fazer: eu quero pedir com muito carinho que você se comprometa verdadeiramente em compreender, proteger e amparar cada mulher em situação de vulnerabilidade que cruzar o seu caminho. Eu quero pedir

198 | Essencial'mente Neuromeditação®

amorosamente que não seja omisso e que trate essas mulheres com amor, cuidado e carinho! Começando pelo entendimento da importância dessa meditação, especialmente para elas, e expandindo para a sua consciência e para as suas atitudes no dia a dia.

Execução do exercício:

Leia as palavras a seguir com todo amor do seu coração e, em seguida, contemple o silêncio e reflita sobre elas:

Vou realizar agora uma meditação para resgatar o sagrado feminino em meu coração.

Eu vou cuidar do meu corpo e me proporcionar um momento de relaxamento e de bem-estar, exatamente como eu mereço, cuidando-me com o exato amor que eu preciso receber.

Eu sinto o meu corpo imensamente pesado e começo a relaxar, entregando-me cada vez mais... Deixando que todo peso que tenho carregado vá gradualmente sendo liberado e que os meus músculos sejam gradualmente afrouxados.

Neste sagrado e presente momento, encontro estabilidade, fluidez, relaxamento, descontração e muita entrega. Abro o meu coração para receber, aqui e agora, absolutamente tudo o que eu necessito para resgatar a minha essência no mundo.

Eu expando para cada célula do meu corpo uma intensa energia de cura e de transformação, de sabedoria e de iluminação.

Sinto uma intensa luz dourada agindo especialmente no meu útero e em meus ovários, e também no meu ventre sagrado, que é o meu centro de poder pessoal, que guarda as minhas memórias, que registra os meus relacionamentos e que é capaz de arquivar ou libertar o passado.

Meu útero registra a capacidade e o poder necessário para, aqui e agora me fazer renascer e me abrir ao prazer.

Leve suas mãos na região do ventre, tocando-se com muito amor. Ao se tocar, sinta muito amor e muito carinho pelo Ser incrível e maravilhoso que você é.

Eu sou sagrada. Sou mãe, sou filha, sua anciã, sou amiga, sou intuição, sou profundidade, sou o poder das minhas ancestrais, sou força, sou a minha própria conselheira.

Eu possuo dentro de meu coração toda a sabedoria necessária para me transformar. Tenho o poder de criar, de realizar, de manifestar, de ser! Eu sou segurança. Eu me empodero. Eu sou contentamento. Eu me curo. Eu me transformo. Eu tenho todo poder necessário para transformar a minha vida.

Eu sou acolhedora e receptiva com os meus próprios sentimentos. Eu me respeito. Eu admiro a grande mulher que eu sou. Eu valorizo todos os meus talentos e meus potenciais. Eu reconheço a Deusa que habita em mim. Eu reconheço a minha beleza física, afetiva, espiritual e energética. Eu respeito a minha individualidade. Eu acolho e reverencio o Sagrado Feminino em mim. Eu reconheço o Sagrado Feminino em todas as mulheres que me cercam, todas nós somos irmãs. Nós somos fortes. Nós nos apoiamos. Nós somos incríveis. Nós somos corajosas. Eu resgato o meu verdadeiro papel na sociedade. Eu honro os meus ciclos. Eu honro e reverencio as minhas ancestrais. Eu honro minha feminilidade e minha espiritualidade. Eu reverencio a minha intuição. Eu reverencio a minha força e a guerreira que habita em mim. Eu estou em plena conexão com a natureza. Eu me conecto com o Sol e com a Lua em equilíbrio dentro do meu coração. Eu me vejo. Eu me reconheço. Eu sou luz. Eu sou amor. Eu simplesmente sou.

Eu acolho inclusive as minhas dores, as minhas falhas, as minhas dificuldades, os meus desafios. Eu respeito o meu tempo. Eu reverencio todas as oportunidades de aprendizado que surgem a partir das minhas dificuldades. Eu amo ser exatamente quem eu sou.

Contemple por 5 minutos o silêncio e a força dessas palavras, emergindo-se nessa meditação. Respire profundamente nessa vibração de harmonia, sentindo a energia da vida e da natureza pulsando fortemente no seu coração. Sinta que, a partir de agora, todas essas palavras estão registradas em seu coração. Arquivadas de tal forma, que reverbera para todas as áreas da sua vida e para todos os seus relacionamentos.

Você é luz! Reconheça todo o seu potencial de luz e seja a sua essência, ESSENCIAL'MENTE!

Neuromeditação® com auto-hipnose

Para se libertar de registros emocionais negativos
e lembranças dolorosas

São três as alternativas para realizar esta meditação. Você pode:

1. Ir lendo e realizando pequenas pausas ao longo do processo para a execução de cada passo.

2. Gravar a sua própria voz lendo o passo a passo e escutar o seu próprio áudio em seguida.

3. Ler toda a descrição e somente após realizar a leitura, iniciar a execução das visualizações.

- Coloque-se em seu *dhyānāsana* preferido (sentado no chão, com as pernas cruzadas e a coluna ereta), ou sente-se em uma cadeira, com a coluna ereta.

- Imagine uma nuvem pairando sobre a sua cabeça.

- Coloque dentro dessa nuvem todos os sentimentos e situações desagradáveis que conseguir recordar e que estejam lhe angustiando no momento. Pode ser uma situação de desrespeito, de tristeza, de angústia, de ansiedade, de baixa autoestima, de carência, de rejeição, de abandono ou qualquer outro sentimento em que se sentir vulnerável.

- Se precisar, você pode se dar um tempo em silêncio e em introspecção para colocar toda a sua dor, com calma e no seu tempo, dentro da nuvem.

- Perceba que você está segurando uma cordinha que prende essa nuvem ao seu corpo e repita interiormente para si: "Neste sagrado momento, eu quero me libertar de todas as emoções associadas às presentes situações negativas. Neste momento eu quero me libertar de todos os sentimentos tóxicos que me aprisionam. Neste momento eu vou me libertar de todos os sentimentos que me que fazem mal. Neste momento eu quero e vou me acolher e me transformar. Neste sagrado momento, eu compreendo que não preciso mais carregar essa dor e que mereço ser feliz".

- Então, solte a corda e veja essa nuvem voando para bem longe de você. Pronto. Esse desconforto não lhe pertence mais.
- Sinta-se em paz, aliviado, relaxado e consciente.
- Você ainda consegue visualizar essa nuvem bem longe e bem pequenininha? Então vamos contar de três até um, quando chegarmos ao número um, essa nuvem vai desaparecer completamente e, exatamente agora, vão sumir do seu coração todos os sentimentos negativos associados a ela. Três... Dois... Um...
- Respire fundo e relaxe.
- Perceba que a nuvem desapareceu e que, portanto, ela não pode mais "fazer sombra" ou impedir que o sol brilhe diretamente sobre você.
- Sinta-se em paz e seja a sua essência, ESSENCIAL'MENTE!

Tempo de execução: o tempo que necessitar interiormente.

Benefícios: sentimento de libertação, alívio, ressignificação e paz interior.

Neuromeditação® com a força do elemento Água

Para hidratação física e espiritual

- Pegue uma garrafa com água e deixe-a bem à frente do local aonde irá se sentar.
- Coloque-se em seu *dhyānāsana* preferido (sentado no chão, com as pernas cruzadas e a coluna ereta), ou sente-se em uma cadeira, com a coluna ereta.
- Feche os olhos, segure a garrafa entre suas mãos e sinta que está emanando para ela as melhores energias que puder. Você pode visualizar cores nessa água, entoar mantras, meditar, visualizar a sua água sendo preenchida por uma luz ou mesmo pela energia Universal do amor.
- Vá, gradualmente, ingerindo essa água ao longo do dia. A cada gole que realizar, sinta que está levando luz e amor para dentro de si, energizando-se e curando-se.
- Permita que cada gole se transforme em um processo de meditação consciente, que a água o hidrate para além do corpo, que o energize. Assim, vá se neuroenergizando ao longo de seu dia.
- Nutra-se energeticamente e seja a sua essência, ESSENCIAL'MENTE!

Tempo de execução: essa água pode ser ingerida ao longo do dia, quantas vezes sentir necessidade.

Benefícios: hidrata o corpo físico, exercita o autocuidado e o autoamor, além da conexão com a mãe natureza.

Dicas Essenciais:

- Você pode regar suas plantinhas e flores através da energia dessa água preciosa, que estará fluidificada com vários frutos energéticos positivos e amorosos. As plantas são muito sensíveis e absorvem com receptividade cada pequeno ato e vibração.
- Nessa neuroenergização você poderá utilizar também cristais dentro de sua garrafa de água, absorvendo as propriedades energéticas de cada um deles. Beba bastante água, hidrate-se com amor e energia!

- Antes de colocar seu cristal na garrafa de água consulte dois fatores:
1. Esse cristal pode ser imerso em água? Nem todos os cristais contam com essa possibilidade de utilização, pois alguns tipos de pedras podem se dissolver na água ou mesmo liberar substâncias indesejáveis.
2. O cristal está limpo e bem higienizado? É importante que você verifique isso tanto do ponto de vista da limpeza material quanto do ponto de vista energético (veja como na página 207).

Neuromeditação® com cristais
Para canalização e harmonização energética

Cristais são manifestações energéticas puras, seus átomos estão em perfeita harmonia e permitem a manifestação da luz em forma sólida.

O cristal é um corpo sólido de formato geometricamente regular. Os cristais foram criados quando a Terra se formava e continuaram a se metamorfosear à medida que o próprio Planeta se transformava. Cristais são o DNA da Terra, um registro químico da evolução. São repositórios em miniatura que contêm os registros do desenvolvimento da Terra ao longo de milhares de anos e guardam a indelével lembrança das forças poderosas que os moldaram. Alguns foram submetidos a enormes pressões, enquanto outros se desenvolveram em câmeras nas profundezas do subsolo; alguns se formaram em camadas, enquanto outros cristalizaram a partir do gotejamento de soluções aquosas – tudo isso afeta suas propriedades e a maneira como atuam. Seja qual for a forma que assumam, a sua estrutura cristalina pode absorver, conservar, concentrar e emitir energia, especialmente na faixa de onda eletromagnética.

(Hall, p. 14, 2008)

Segundo Hall, a radiação, as impurezas químicas, as emissões telúricas e solares, bem como os meios pelos quais ocorreu a sua formação, faz com que cada tipo de cristal tenha uma determinada "marca" e seja formado a partir de uma grande variedade de minérios:

O cristal é definido pela sua estrutura interna – uma estrutura atômica simétrica e ordenada, exclusiva de sua espécie. Tanto o espécime pequeno quanto o grande de um mesmo tipo de cristal terão exatamente a mesma estrutura interna, que pode ser identificada ao microscópio. [...] embora muitos cristais possam se formar a partir do mesmo mineral ou combinação de minerais, cada um deles se cristalizará de uma maneira. O cristal tem crescimento simétrico em torno de um eixo. Seus planos externos regulares é uma expressão exterior da sua ordem interna. Cada par de faces do cristal apresenta exatamente os mesmos ângulos. A estrutura interna de qualquer formação cristalina é constante e imutável.

(Hall, p. 15, 2008)

Os cristais têm sido utilizados há milênios para promover diversos tratamentos e restabelecer o equilíbrio entre todos os corpos. Eles atuam por meio da vibração e da ressonância. Está cientificamente comprovado que os cristais são intensos condutores e amplificadores de energia, armazenando informações e sendo utilizados na fabricação de máquinas e de relógios, na composição de fibras óticas, de chips de computador, entre outros, além de serem utilizados, também, para cuidar de doenças físicas e emocionais, conforme se lê a seguir:

Alguns cristais contêm minerais conhecidos pelas suas propriedades terapêuticas. O cobre, por exemplo, reduz o inchaço e as inflamações. A malaquita tem alta concentração de cobre, que também ameniza dores nas articulações e nos músculos. [...] No Egito antigo, a malaquita era pulverizada e aplicada sobre feridas para prevenir infecções. Hoje, embora seja um desintoxicante poderoso, ela própria é considerada tóxica, por isso é aplicada externamente. [...] Os cristais são usados na moderna prática da medicina. Eles são piezelétricos, o que significa que a eletricidade, às vezes a luz, é produzida por compressão. Essa propriedade faz com que sejam usados em equipamentos de ultrassom que produzem ondas sonoras por meio desses cristais piezelétricos. O som é agora aplicado em procedimentos cirúrgicos de última geração.

(Hall, p. 22, 2008)

Dessa mesma forma, os cristais podem ser utilizados para ampliar os efeitos da Neuromeditação*, potencializando os resultados. Para utilizar os cristais em toda sua extensão terapêutica, logicamente seria necessário se aprofundar em um curso específico sobre a temática. Porém, para os Neuromeditadores, proponho uma utilização mais simples e muito prática, que consiste em utilizar os cristais a partir das cores respectivas dos chakras, ou seja, utilizar os cristais das cores correspondentes aos seus centros de energia. Nesta obra, no capítulo de chakras, tanto as cores de cada chakra quanto os cristais indicados para equilibrar cada um desses centros de energia foram reportados. Outra dica que facilita muito a utilização dos cristais para os "não especialistas", é utilizar nos chakras cristais "neutros", ou seja, de quartzo-branco. Cristais, quando neutros, atuam da forma que forem programados.

As pessoas podem claramente conversar com seus cristais e apresentar a eles seus objetivos. Cristais registram sabedoria divina, portanto, podem lhe auxiliar na realização de seus objetivos. Afinal, eles são amplificadores energéticos e, naturalmente, potencializam sua força para transformar ou acelerar qualquer processo. Para programá-los basta segurá-los entre suas mãos, enviar energia para eles e aplicar ali a sua mais clara intenção, deixando explícitos seus interesses e necessidades e solicitando permissão e trabalho de transformação para que possam atuar em seus propósitos. Seja assertivo e direto: "eu programo este cristal para [descreva aqui seu propósito]". Faça isso, inclusive, para colocar em sua garrafa de água.

Cristais maiores geralmente são utilizados para harmonizar ambientes maiores, assim como os cristais menores são utilizados para harmonizar nosso ambiente físico, ou seja, nosso corpo. Costumo dizer que não somos nós quem escolhemos os cristais, mas que eles nos escolhem. Quero dizer com isso que, quando um cristal deve ser seu, naturalmente uma forte atração o conduzirá até ele.

Limpeza dos Cristais

Mesmo quando os cristais já são nossos, devemos limpá-los tanto fisicamente quanto energeticamente com certa regularidade. Devemos, também, purificar os cristais quando os adquirimos, com o intuito de limpar as energias mal qualificadas que eles absorveram ao longo do tempo.

Formas de purificar os Cristais

- Colocá-los na água corrente (torneiras, chuveiros, mar, cachoeira, rio, etc.) ou na terra (jardim, quintal, uma área reservada, etc.).
- Banho de lua ou de sol, bastando simplesmente deixá-los expostos à luz destes astros por certo tempo.
- Colocá-los imersos em água com sal grosso por oito horas.
- Defumá-los com incensos e outros instrumentos.
- Utilizando a sua intenção ou energia.
- Use o método e o tempo que intuir e considerar mais acessível e assertivo no momento.

Execução do exercício:

- Deite-se confortavelmente ao solo.
- Coloque uma música calma, com a qual você se identifique.
- Coloque os cristais de acordo com as cores correspondentes em cada um de seus 7 principais chakras.
- Se preferir, consulte o capítulo de chakras presente nesta obra, tanto para verificar as pedras sugeridas para cada chakra quanto para consultar as cores correspondentes a cada um deles, bem como para verificar a localização de cada um de nossos centros de energia.
- Permaneça imerso em meditação, em silêncio, pelo tempo que considerar necessário, absorvendo o máximo de energia possível dos cristais e dessa experiência.
- Deixe o seu corpo relaxar, a sua mente se acalmar e a sua energia ser transmutada.

Tempo de execução: o tempo que considerar necessário e satisfatório.

Benefícios: harmonização dos chakras, canalização das energias de transmutação da natureza, bem como, a absorção das propriedades energéticas associadas a cada cristal.

Neuromeditação® com o mantra *Om*
Para experienciar a nossa essência, essencial'mente!

Considerado o mantra mais importante da tradição hindu e yōgi, o *Om* é, ao mesmo tempo, um símbolo (*yantra*) e um mantra, citado nos *shāstras* (hinos de louvor à divindade) do hinduísmo como "o Absoluto sonoro", ou como o "corpo sonoro de *Pūrusha*", que registra a perfeição divina e a autenticidade do momento de criação do nosso Universo: o Big Bang. Acredita-se que esse som ecoou naquele momento e que, portanto, ao escutá-lo, nós nos recordamos de nossa verdadeira identidade, da verdade universal e nos reencontramos com a nossa essência. O *Om* é considerado a ferramenta de Brahman para a criação e a manutenção do equilíbrio do Universo. Ele gera sons que vão além das percepções corporais (ultrassons). Todos os textos sagrados fazem menção à importância desse mantra.

Execução do exercício:

1. Coloque-se em seu *dhyānāsana* preferido (sentado no chão, com as pernas cruzadas e a coluna ereta), ou sente-se em uma cadeira, com a coluna ereta.

2. Coloque as mãos em *bhairava mudrā* sobre os pés, posicionando o dorso de uma mão sobre a palma da outra.

3. Respire profundamente, enchendo bem o abdômen de energia vital, e logo em seguida solte o ar "entoando" pelo maior tempo possível o Mantra *OM*, até exalar completamente e, literalmente, expire dizendo continuamente *Ooooooooм* até tirar todo o ar que existe nos pulmões.

4. Encha bem profundamente os pulmões mais uma vez, segure o ar por um breve segundo e, logo em seguida, repita o exercício até esvaziar totalmente os pulmões.

5. Realize o exercício de 3 a 10 vezes.

6. Ao finalizar, fique por alguns segundos observando a sua própria respiração e contemplando toda a energia e vibração produzida.

Tempo de execução: o tempo necessário entre 3 e 10 execuções, de acordo com a sua capacidade respiratória.

Benefícios: conexão com a nossa verdadeira identidade, com a verdade universal que reside em nossa essência. Manutenção do equilíbrio e conexão com o Uni'verso.

Neuromeditação® dos chakras

Para harmonização dos sete chakras

1. Coloque-se em seu *dhyānāsana* preferido (sentado no chão, com as pernas cruzadas e a coluna ereta), ou sente-se em uma cadeira, com a coluna ereta.

2. Coloque as mãos em *bhairava mudrā* sobre os pés, posicionando o dorso de uma mão sobre a palma da outra.

3. Inspire profundamente e leve sua consciência ao primeiro chakra, que está localizado na base da sua coluna, visualizando-o na cor vermelha, vibrando.

4. Expire, mantendo a visualização anterior.

5. Inspire, trazendo o máximo de energia (*prāna*) para os pulmões, e expire, mantendo a visualização do primeiro chakra e entoando o *bija mantra LAM*. Faça isso três vezes.

6. Inspire profundamente, levando sua consciência ao segundo chakra, localizado dois dedos abaixo do seu umbigo, visualizando-o na cor laranja e vibrando.

7. Expire, mantendo a visualização anterior.

8. Inspire, trazendo o máximo de energia (*prāna*) para os pulmões, e expire, mantendo a visualização do segundo chakra e entoando o *bija mantra VAM*. Faça isso três vezes.

9. Inspire profundamente levando sua consciência ao terceiro chakra, um dedo acima do seu umbigo, visualizando-o na cor dourada, vibrando.

10. Expire, mantendo a visualização anterior.

11. Inspire trazendo o máximo de energia (*prāna*) para os pulmões, e expire, mantendo a visualização do terceiro chakra e entoando o *bija mantra RAM*. Faça isso três vezes.

12. Inspire profundamente levando sua consciência ao quarto chakra, localizado no centro do seu coração, visualizando-o na cor verde, pulsando.

13. Expire, mantendo a visualização anterior.

14. Inspire trazendo o máximo de energia (*prāna*) para os pulmões, e expire, mantendo a visualização do quarto chakra e entoando o *bija mantra YAM*. Faça isso três vezes.

15. Inspire profundamente levando sua consciência ao quinto chakra, localizado na sua garganta, visualizando-o na cor azul, pulsando.

16. Expire, mantendo a visualização anterior.

17. Inspire trazendo o máximo de energia (*prāna*) para os pulmões, e expire, mantendo a visualização do quinto chakra e entoando o *bija mantra HAM*. Faça isso três vezes.

18. Inspire profundamente levando sua consciência ao sexto chakra, localizado entre as suas sobrancelhas, visualizando-o na cor azul, pulsando.

19. Expire, mantendo a visualização anterior.

20. Inspire trazendo o máximo de energia (*prāna*) para os pulmões, e expire, mantendo a visualização do sexto chakra e entoando o *bija mantra OM*. Faça isso três vezes.

21. Inspire profundamente levando sua consciência ao sétimo chakra, localizado no topo da sua cabeça, visualizando-o na cor violeta, pulsando.

22. Expire, mantendo a visualização anterior.

23. Inspire, trazendo o máximo de energia (*prāna*) aos pulmões e expire, sempre visualizando o chakra na cor violeta, pulsando.

24. Respirando normalmente e em silêncio, concentre-se em visualizar, por 2 minutos, a luz violeta expandindo-se para todas as células do seu corpo.

25. Contemple o silêncio, a luz e o amor dentro de você.

Tempo de execução: o tempo que considerar necessário e satisfatório, geralmente leva de 10 a 25 minutos para a execução completa do exercício.

Benefícios: desperta, harmoniza e equilibra os nossos centros de energia, chakras e *nādīs*.

Neuromeditação® com formas geométricas sagradas

Para autoestima, autoconfiança e autoamor, fortalecendo o Chakra Cardíaco

Execução do exercício:

- Coloque-se em seu *dhyānāsana* preferido (sentado no chão, com as pernas cruzadas e a coluna ereta), ou sente-se em uma cadeira, com a coluna ereta.
- Coloque as mãos em *bhairava mudrā* sobre os pés, posicionando o dorso de uma mão sobre a palma da outra.
- Inspire profundamente levando a sua consciência ao quarto chakra, localizado no centro do seu coração, visualizando-o na cor verde.
- Sinta que essa luz verde começa a se expandir, formando uma grande pirâmide de luz verde ao seu redor.
- Concentre-se nessa recepção e visualize-se por um tempo imerso nessa forte energia. Absorva todas as propriedades energéticas dessa cor e permita que ela lhe abrace, proteja, cure, transmute e ilumine.
- Essa pirâmide ora se expande, envolvendo todo o seu corpo, ora se retrai, concentrando-se novamente em seu coração.
- Ao finalizar, sorria e agradeça. Seja a sua essência, ESSENCIAL'MENTE!

Tempo de execução: se 5 a 10 minutos.

Benefícios: desperta e harmoniza o *anāhata chakra*, centro energético da consciência do amor incondicional; fortalecendo a conexão com o seu próprio Eu e a expansão deste amor ao Uni'verso. Desenvolve a autoestima, a autoconfiança e o autoamor.

Neuromeditação® com o respiratório (*Nitambāsana prānāyāma*)

Execução do exercício:

1. Coloque-se em *nitambāsana*, ou seja, de pé, as pernas afastadas em alinhamento com os quadris, os braços elevados e afastados em alinhamento com os ombros.
2. Inspire e retenha o ar nos pulmões.
3. Expire, baixando o tronco lateralmente, e fique nessa posição por alguns segundos.
4. Inspire, voltando o tronco ao centro, como na posição inicial, e retenha o ar nos pulmões.

5. Solte o ar, baixando lateralmente o seu tronco para o outro lado, e fique nessa posição por alguns segundos.

6. Inspire, voltando o tronco ao centro, e recomece o exercício, alternando sempre os lados.

7. O tempo todo esteja consciente da energia vital (*prāna*) que você está absorvendo.

Tempo de execuções: realize o exercício 10 vezes para cada lado.

Benefícios: alonga toda a extensão lateral do corpo, exercita a postura e fortalece os músculos da cervical e das costas; por ser broncodilatador, atenua irritações nas vias aéreas e melhora a circulação sanguínea; equilibra o apetite, levando calor e nutrientes a todo o organismo; desperta a consciência corporal; melhora a coordenação motora e a sincronia entre corpo e mente; estimula foco e a concentração; elimina estados de desânimo e falta de energia e desenvolve um processo de meditação ativa, trazendo a mente ao "agora".

Neuromeditação® com o respiratório (*Bandha kūmbhaka prānāyāma*)

Execução do exercício:

1. Coloque-se em seu *dhyānāsana* preferido (sentado no chão, com as pernas cruzadas e a coluna ereta), ou sente-se em uma cadeira, com a coluna ereta.

2. Apoie as mãos sobre os joelhos, una os dedos indicadores aos polegares e vire as palmas das mãos para cima (*jñana mudrā*), se for dia, ou para baixo (*chin mudrā*), se for noite.

3. Inspire o mais lenta e profundamente possível, contando o tempo e projetando o seu abdômen para fora e a cabeça para trás.

4. Retenha o ar nos pulmões pelo dobro do tempo da inspiração, pressionando a língua contra o palato mole.

5. Expire em um período de tempo igual ao da inspiração, levando o queixo à garganta e puxando a barriga para dentro.

6. Retenha a respiração com os pulmões vazios, mantendo a pressão do queixo contra a garganta e contraindo continuamente os esfíncteres do ânus e da uretra.
7. Quando sentir que precisa inspirar novamente, relaxe os esfíncteres e libere a retração abdominal.
8. Recomece o exercício, inspirando e projetando a cabeça para trás.
9. O tempo todo esteja consciente da energia vital (*prāna*) que você está absorvendo.

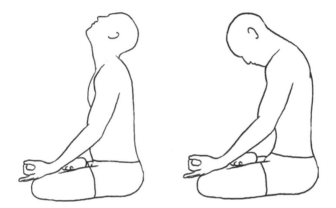

Tempo de execuções: faça 10 ciclos de exercício, lembrando-se de que cada ciclo inclui inspiração, retenção com ar nos pulmões, expiração e retenção sem ar nos pulmões.

Benefícios: contempla os benefícios de todos os *bandhas* (contrações de plexos e glândulas) citados neste livro, ou seja, estimula a circulação sanguínea e produz um aumento nos níveis hormonais, auxiliando os órgãos reprodutores e funções sexuais; fortalece os órgãos e a musculatura abdominal, tonificando o sistema digestório; combate a insônia e a irritabilidade, favorecendo a meditação e a introspecção; diminui a frequência cardíaca, atuando como calmante e ansiolítico, e desencadeando um efeito catabólico sobre o consumo de energia corporal; estabiliza os pensamentos, aquietando a mente pela redução da irrigação sanguínea propiciada pela baixa quantidade de oxigênio, o que diminui a atividade dos hemisférios cerebrais.

Neuromeditação® fortalecendo o Chakra Coronário

Para canalizar a energia cósmica e o magnetismo da luz violeta

Execução do exercício:

- Coloque-se em seu *dhyānāsana* preferido (sentado no chão, com as pernas cruzadas e a coluna ereta), ou sente-se em uma cadeira, com a coluna ereta.

- Coloque as mãos em *bhairava mudrā* sobre os pés, posicionando o dorso de uma mão sobre a palma da outra.

- Inspire profundamente levando a sua consciência ao sétimo chakra, localizado no topo da sua cabeça, visualizando que um tubo de luz violeta parte do alto, dos cosmos, e penetra nessa região, expandindo força, consciência e energia a todo o seu Ser.

- Sinta esse tubo de luz violeta tornando-se a cada momento mais forte e expansivo, formando uma grande egrégora de luz violeta ao seu redor.

- Concentre-se nessa recepção e visualize-se por um tempo imerso nesse tubo, que irradia continuamente essa forte energia que penetra pelo topo de sua cabeça e se expande a cada pequena parte de seu corpo, a cada músculo, célula, nervo, órgão, tendão e articulação. Absorva todas as propriedades energéticas dessa cor e permita-se canalizar e absorver a energia cósmica, expandindo a sua conexão com o Todo e com o seu próprio Ser.

- Ao finalizar, sorria e agradeça. Seja a sua essência, ESSENCIAL'MENTE!

Tempo de execução: de 5 a 10 minutos.

Benefícios: desperta e harmoniza o *sahāsrara chakra*, centro energético de canalização de energia, localizado no topo de sua cabeça, fortalecendo a conexão com a energia cósmica, intuição, espiritualidade, proteção eletromagnética e com luz violeta de transmutação.

Neuromeditação® da purificação eletromagnética

Para descarrego e limpeza energética

1. Deite-se ou sente-se de forma confortável.

2. Feche seus olhos.

3. Visualize que você está em frente a uma linda cachoeira e que ela possui um poder curativo de harmonização e limpeza. Entre nas águas e nade até a queda dessa cachoeira. Visualize as águas batendo forte e gostosamente sob seus ombros e descarregando energeticamente todo o seu corpo. Sinta que as águas levam embora todas as energias improdutivas e mal qualificadas e que seus ombros vão ficando a cada momento menos pesados e sobrecarregados. Sinta que você vai se aliviando cada vez mais.

4. Permaneça debaixo da queda dessa cachoeira pelo tempo que considerar necessário, até que sinta que as águas levaram embora todos os desconfortos físicos, emocionas e energéticos retidos em seus corpos.

5. Como você já sabe, se ocorrer de sua mente divagar, traga-a de volta tranquilamente e sem cobranças. Respeite sempre seu ritmo.

Tempo de execução: faça essa visualização de 15 a 30 minutos.

Benefícios: relaxamento profundo, integração com a mãe natureza, purificação, descarrego e limpeza energética. Redução do estresse e da ansiedade.

Dica essencial: você pode fazer essa mesma visualização de limpeza quando estiver tomando banho, visualizando que não apenas a ducha descarrega as energias improdutivas, mas também estando 100% atento ao movimento do sabonete passando por cada parte do seu corpo, sentindo que, para além de se limpar, você está se cuidando com muito amor e carinho. Tente estar presente no banho, sentir o toque as águas, sentir a limpeza do corpo e da mente e permitir-se estar imerso nessa experiência.

Neuromeditação® dos relacionamentos

Para harmonização dos relacionamentos afetivos

1. Deite-se ou sente-se de forma confortável.

2. Feche seus olhos.

3. Pense em uma pessoa que você gostaria muito de conversar, para esclarecer ou resolver alguma situação específica. Essa pessoa pode estar encarnada ou desencarnada, desde que você sinta essa necessidade de expressão viva em seu coração. Visualize-se sentado um uma sala e que essa pessoa está sentada à sua frente. Crie neste local um tempo e um espaço para uma conversa harmônica. Utilize esse momento como oportunidade de harmonização do relacionamento e de limpeza de registros emocionais negativos. Diga, expresse, fale, posicione, desabafe tudo o que sentir necessidade e dê espaço também para que essa pessoa possa expressar tudo aquilo que sentir ser necessário.

4. Após expressar o que sentir necessidade, visualize e sinta uma grande energia de amor, perdão e resolução envolvendo você e essa pessoa. Sinta gratidão em seu coração pela harmonização dessa circunstância.

5. Abrace profundamente essa pessoa e se despeça dela, visualizando que ela vai embora e que você se sente imensamente livre e em paz. Sinta como se um imenso nó tivesse sito desatado.

6. Caso ainda sinta, após essa visualização, vontade/necessidade de conversar pessoalmente com essa pessoa, e claro, caso exista essa possibilidade, não hesite em fazê-lo. Certamente a conversa poderá fluir melhor após esse seu preparo emocional e essa visualização.

Tempo de execução: converse com a pessoa pelo tempo que sentir ser necessário.

Benefícios: harmonização dos relacionamentos afetivos, organização e preparação mental, assertividade para a preparação de diálogos importantes e controle da impulsividade.

Dica essencial: outra experiência libertadora, que funciona como uma adaptação dessa Neuromeditação°, é a de escrever uma carta para a referida pessoa (sem intenção de entregar para ela), expressando absolutamente tudo o que sente.

Neuromeditação® acolhimento da criança interior
Para leveza e contentamento

1. Deite-se ou sente-se de forma confortável.
2. Relaxe profundamente todo o seu corpo, desde os pés até a cabeça, sinta como se o seu corpo estivesse derretendo. Solte-se profunda e completamente.
3. Preste atenção na sua respiração e procure respirar da forma da mais lenta e ampla possível. Sinta que a sua respiração vai lhe acalmando cada vez mais e ajudando-o a mergulhar para dentro de si.
4. Visualize-se bem pequeninho, na faixa de seus 6 ou 7 anos de idade. Ao se ver, sinta profundo amor por essa criança.
5. Visualize-se abraçando essa criança com todo carinho e afeto que habita dentro de seu coração.
6. Conte para a sua criança de todas as suas conquistas, do quanto ela foi forte, do quanto venceu e diga para ela que sempre poderá contar com você e com seu apoio, que sempre vai estar ao seu lado e disposta a acolhê-la muito amorosamente. Conte para ela que já superou todos os piores dias de sua vida e que está ali, firme e forte para permitir que ela se manifeste.
7. Sinta a leveza, a doçura, a alegria e a profundidade de sua criança interior.

Reflexão essencial: se você nunca leu um livro anterior meu, nunca leu a minha história ou acessou o meu trabalho de outra forma que não seja através deste livro, talvez você não saiba que eu tenho uma personagem animada, chamada "Aillinha". Por quê? Olha, eu não teria chegado até aqui se por diversas vezes não tivesse falado para a minha criança: "Deixe isso pra lá! Vamos brincar? Vamos sorrir? Vamos amar?" Existe muito amor disponível neste mundo, para todos. Enquanto não acolhermos nossa criança interior e à sua forma doce de ver o mundo, continuará faltando vida, faltando alegria, faltando amor... Não importa a situação que você esteja enfrentando neste momento, existe uma imensa força dentro de você, pronta para transformá-lo. Não importa se você está há muito tempo preso em seu próprio casulo: somente você pode escolher o momento para bater as asas e direcionar-se para onde quiser ir. Você possui alegria suficiente para ressignificar, voar e sorrir, para metamorfosear sua vida. Algumas vezes, sua luta não deve ser especificamente para combater o mal nos outros, mas para fortalecer o bem em si mesmo, para alimentar a leveza e o amor de sua criança interior. Não deixemos que a amargura do mundo contamine nossas crianças; vamos, sim, prepará-las para a batalha! Nossa missão é pelo que somos e acreditamos.

Eu acredito no amor. O amor é minha missão e ele, mais do que qualquer outra coisa, pode transformar... Eu sou uma sobrevivente. Venci todas as ameaças e medos e escolhi continuar lutando por mim. Pela minha vida. Pela minha criança.

E continuo lutando também para fortalecer aqueles que ainda não conseguem lutar por si mesmos. Eu quero que você também encontre dentro de si todo o manancial de forças para lutar e se transformar! Para isso, você precisa se reconectar com a sua essência, ESSENCIAL'MENTE!

Sigamos, brincando com seriedade, amando com responsabilidade e vivendo com profundidade.

Tempo de execução: faça essa visualização de 15 a 30 minutos.

Benefícios: despertar da leveza interior, da doçura, do contentamento e resgate da criança interior, com sua forma profunda e sutil de ver a vida.

Neuromeditação® com *Gokai* do Reiki

Somente por hoje

1. Sente-se com a coluna alinhada e com os ombros relaxados.
2. Feche os olhos e respire profundamente.
3. Mantenha as mãos unidas em frente ao peito, com os dedos direcionados para cima.
4. Repita, pausadamente, os cinco princípios do Reiki mencionados abaixo (meditação *Gokai*) quantas vezes sentir necessário.

Kyo dake wa – Somente por hoje.

Okoru na – Não se zangue.

Shinpai suna – Não se preocupe.

Kansha shite – Expresse sua gratidão.

Gyo wo haga me – Seja aplicado em seu trabalho.

Hito ni shinsetsu ni – Seja gentil com os outros.

Benefícios e reflexão Essencial

1. Somente por hoje, não se aborreça. A raiva baixa o padrão energético do ser humano drasticamente e prejudica sua saúde física e emocional. As pessoas que nos cercam geralmente estão envolvidas carmicamente conosco, apesar de serem centelhas independentes. Por isso, tenha paciência com o ritmo de cada um e tenha receptividade com os desafios de sua vida, que chegam para seu crescimento. Somente por hoje, não se aborreça.

2. Somente por hoje, não se preocupe. Preocupações, dificuldades, carmas, limitações, assédios do mundo, provações e barreiras surgem para que o aperfeiçoamento contínuo se processe. A preocupação com o amanhã retrata a falta de fé. A fé inabalável é o primeiro atributo de um caminho espiritual. Compreender as lições divinas é dar sequência ao movimento energético universal. Faça sua parte e entregue sua vida nas mãos do Universo. Deus, ou a força da atração, como quiser chamar, lhe direcionará o que for necessário. Preocupar-se é inútil. Desapegue-se e deixe fluir. Somente por hoje, não se preocupe.

3. Somente por hoje, expresse sua gratidão e honre seus pais, os mestres e os idosos. Já ouviu dizer que quanto mais agradecemos, mais temos a agradecer? Os acontecimentos que consideramos bons nos trazem sorrisos, as circunstâncias que nos trazem dor se transformam em aprendizado. Nada é em vão. Seja grato por tudo e entenda que, na maioria das vezes, a alegria está no simples. Como já falado anteriormente nessa obra, quando nos sentimos gratos, ativamos o sistema de recompensa do cérebro, localizado numa área chamada *nucleus accumbens*, responsável pela sensação de bem-estar e de prazer. Quando o cérebro reconhece nosso sentimento de gratidão por algo que nos aconteceu, dá-se a liberação de dopamina, importante neurotransmissor que aumenta a sensação de regozijo e faz com que pessoas frequentemente gratas experimentem níveis elevados de vitalidade, otimismo, relaxamento e satisfação. A gratidão estimula também a liberação de ocitocina, hormônio que gera paz interior e tranquilidade, estimula os vínculos afetivos e reduz a angústia, o estresse e a ansiedade, facilitando o controle de estados mentais negativos e desnecessários.

Cada um oferece o que tem. Os pais, embora com defeitos e erros, visam (ou visaram) a oferecer o melhor para seus filhos. Em último caso, se isso não ocorreu, devemos entender que, mesmo assim, eles concordaram antes de você encarnar em lhe conceder a vida. Se hoje você está envolvido com o aprendizado do Reiki e com a vida, é porque lhe foi permitido encarnar por meio de seus pais. Portanto, honre-os.

Todos os mestres espirituais, independentemente da linhagem, estão encarregados de contribuir com nossa evolução. Por isso, honrá-los é uma obrigação. Respeite todos os mestres.

Os idosos merecem o respeito de todos devido ao aprendizado da vida. Mesmo que você considere que eles não tenham aprendido nada, não julgue. Respeite-os e honre-os.

4. Somente por hoje, seja aplicado em seu trabalho e ganhe sua vida honestamente. Honestidade não é virtude, é obrigação. Somente por hoje, ganhe sua vida honestamente.

5. Somente por hoje, seja gentil e tenha amor por tudo o que é vivo. Tudo está vivo, porém vibrando em diferentes níveis de energia. Amar tudo o que é vivo é amar toda a criação de Deus e, assim, Amá-lo. Toda consciência é Deus! Somente por hoje, seja gentil com todas as formas de vida.

Todos os princípios do Reiki começam com "Somente por hoje", isso porque o agora é o momento mais importante de sua vida, o único no qual você pode viver, sentir, aprender e amar verdadeiramente.

Neuromeditação com automassagem

Para eliminar as tensões e desenvolver autocuidado

1. Coloque-se em seu *dhyānāsana* preferido (sentado no chão, com as pernas cruzadas e a coluna ereta), ou sente-se em uma cadeira, com a coluna ereta.

2. Feche seus olhos. E relaxe seus ombros.

3. Entrelace os dedos das mãos e vire as palmas para cima, alongando bem os braços, punhos e costas, para o alto e para cima, criando um espaçamento entre as vertebras.

4. Inspire profundamente mais uma vez e ao expirar baixe os braços levando as mãos sobre os joelhos.

5. Inspire profundamente e, ao expirar, solte a sua cabeça para frente, aproximando o queixo da garganta, e comece a realizar um giro com a cabeça ao redor do pescoço, projetando as orelhas nos ombros, o queijo no peito e o alto da cabeça nas costas. Realize três giros da forma mais lenta, calma e consciente que puder.

6. Cesse o movimento quando o queixo chegar ao peito e então, repita todo o processo três vezes para outro lado.

7. Após finalizar os giros, volte a cabeça ao prolongamento da coluna, leve as pontas dos dedos das mãos – bem abertas – em sua cabeça e

realize dez movimentos de pressão, de forma circular em cada uma das seguintes regiões: couro cabeludo, têmporas, testa, maxilar e orelhas.

8. Leve agora suas mãos na região do pescoço, aperte e apalpe fortemente essa região, juntamente a região dos ombros, realizando movimentos de "amassar' e de deslizamento, desde a cervical até os ombros. Faça esses movimentos por, mais ou menos 4 minutos.

9. Finalize os movimentos acima e apoie suas costas bem acomodadas na parede ou no encosto da cadeira.

10. Coloque o pé direito apoiado em cima da perna esquerda, próximo ao joelho esquerdo, de maneira que suas mãos possam alcançar o seu pé. Realize os movimentos de "amassar' desde as panturrilhas até os dedos dos pés, passando também pelos calcanhares e, em seguida, massageie separadamente cada um de seus dedos dos pés, com pressões e movimentos circulares. Faça esses movimentos por, mais ou menos 4 minutos.

11. Compense o décimo passo para o outro lado. Faça esses movimentos por, mais ou menos 4 minutos.

12. Finalize os movimentos e coloque-se novamente em seu *dhyānāsana* preferido (sentado no chão, com as pernas cruzadas e a coluna ereta), ou sente-se em uma cadeira, com a coluna ereta. Deixe seus olhos fechados e preste atenção na sua respiração por alguns instantes, sentindo toda a tranquilidade, relaxamento corporal e amor que vem de dentro de você.

Tempo de execução: de 20 a 30 minutos.

Benefícios: relaxamento, sensação de alívio, eliminação de tensões e desenvolvimento do autocuidado.

Dica Essencial: ao se tocar, sempre o faça com imenso carinho. Visualize que está emanando o máximo de afeto e cuidado a si mesmo na medida em que se automassageia. Transforme essa técnica de massagem em um processo meditativo, procurando sentir com profundidade cada toque, sensação e sentimento envolvido.

Como já vimos, o toque para tratar, para amenizar as dores ou para fazer relaxar é um velho instinto que compartilhamos com outras espécies.

Ocorre que, raramente é ensinado às pessoas que devemos aplicar esse toque amoroso não somente nos outros, mas também em nós mesmos. Que devemos nos entregar ao nosso próprio Eu com o mesmo amor e cuidado que esperamos receber do mundo. Que devemos nos tocar e nos acolher amorosamente. Essa é a proposta desse exercício. Cuide-se e seja a sua essência, ESSENCIAL'MENTE!

Neuromeditação® Pacha Mama

Para conexão com a Mãe Terra

Execução do exercício:

- Coloque-se em seu *dhyānāsana* preferido (sentado no chão, com as pernas cruzadas e a coluna ereta), ou sente-se em uma cadeira, com a coluna ereta.
- Coloque as mãos em *bhairava mudrā* sobre os pés, posicionando o dorso de uma mão sobre a palma da outra.
- Inspire profundamente levando a sua consciência à planta de seus pés, visualizando que eles criam profundas raízes com o solo. Essas raízes vão se estabelecendo profundamente, criando um forte vínculo com a terra, enraizando a sua consciência profundamente no momento presente.
- Sentindo os pés firmes no chão, visualize que através de suas raízes você se nutre integralmente, absorvendo de Pacha Mama todos os nutrientes necessários para recuperar todos os seus campos eletromagnéticos. Sinta uma profunda luz entrando pela planta dos pés, penetrando por suas raízes e percorrendo todo o seu corpo, abraçando cada músculo, célula, nervo, órgão, tendão e articulação. Visualize esse processo acontecendo por mais ou menos 5 minutos. E revitalize-se como um todo.

- Visualize que, neste momento, a força de atração e de gravidade da Terra suga de seu corpo todas as energias mal qualificadas. Entregue para que ela transmute absolutamente tudo aquilo que não lhe faz bem, todos as energias, vibrações e sensações tóxicas e improdutivas, assim como todos os pensamentos negativos também. Visualize esse processo acontecendo por mais ou menos 5 minutos e liberte-se como um todo.
- Sinta-se aliviado e volte para a visualização da nutrição energética que você absorve. Sinta-se pleno, presente e energizado, firme e enraizado como uma árvore, fotossintetizando a harmonia da vida.
- Ao finalizar, sorria e agradeça. Seja a sua essência, ESSENCIAL'MENTE!

Tempo de execução: de 10 a 15 minutos.

Benefícios: conexão com a mãe natureza e com a força da Mãe Terra. Transmutação das energias.

Neuromeditação® com o respiratório (*Ujjayi prānāyāma*)

Execução do exercício:

1. Coloque-se em seu *dhyānāsana* preferido (sentado no chão, com as pernas cruzadas e a coluna ereta), ou sente-se em uma cadeira, com a coluna ereta.
2. Apoie as mãos sobre os joelhos, una os dedos indicadores aos polegares e vire as palmas das mãos para cima (*jñana mudrā*), se for dia, ou para baixo (*chin mudrā*), se for noite.
3. Inspire lenta e profundamente, contando o tempo, projetando o abdômen para fora e expandindo sucessivamente as partes baixa, média e a alta do aparelho respiratório.
4. Retenha o ar nos pulmões pela metade do tempo da inspiração.

5. Expire contraindo a glote e emitindo um ruído suave, contínuo, lento e intenso durante todo o tempo da expiração, que deve ser igual ao tempo da inspiração.
6. Recomece o exercício.
7. O tempo todo esteja consciente da energia vital (*prāna*) que você está absorvendo.

Tempo de execução: de 5 a 10 minutos.

Benefícios: no campo emocional favorece a comunicação assertiva combinada a uma manifestação harmoniosa de emoções e desejos. No campo físico, gera um intenso aquecimento corporal, que limpa as energias e o organismo todo, estimulando a liberação de secreções e o sistema imunológico; ativa a tireoide, aumenta o a resistência, a força de vontade e o apetite sexual.

Neuromeditação® em movimento: *(Surya Namaskar - Saudação ao Sol)*

Os *āsanas* são as posições psicofísicas do Yoga. São chamadas psicofísicas porque, a cada movimento que desenvolvemos com o corpo físico, estamos estimulando e movimentando conjuntamente nossos corpos espirituais, emocionais e energéticos. *Surya Namaskar* [do sânscrito, *surya*, "Sol" + *namaskar*, "saudação" = "saudação ao Sol"] é uma sequência de posturas psicofísicas (*āsanas*) utilizada na Índia há milhares de anos com o objetivo de reverenciar o nascer do astro rei.

O Sol é a principal fonte de *prāna* (energia vital), de luz, de calor e de vida em nosso Planeta. Sem o Sol, a vida não seria possível. Praticando o *Surya Namaskar*, invocamos e saudamos à luz como fonte de conhecimento. O Sol nos possibilita a capacidade de visão e o conhecimento rápido e direto de toda a manifestação. Por essa razão, na tradição indiana, a luz, o fogo e o sol são símbolos da sabedoria e do conhecimento de nossa essência.

Figura X – *Surya Namaskar* (fonte: Desenho de Eugênio Pacceli Pacheco)

Prestar reverência ao Sol representa sintonizar-se com o ciclo de vida e de morte, harmonizar-se com o poder maior e divino que reside no Céu e dentro de nós. Assim sendo, reverenciamos a luz que representa o conhecimento, o meio de revelar aquilo que sempre fomos, mas que, por ignorância ou incapacidade, nem sempre podemos ver.

Surya Namaskar é uma série dinâmica, vigorosa e profunda, que ativa o corpo todo, traz o foco para o presente, gera um profundo aquecimento corporal e estabiliza a mente, o que contribui para que as toxinas físicas e energéticas sejam eliminadas do corpo com o suor e na higiene mental. Revigorante e energizante, o *Surya Namaskar* é uma verdadeira meditação em movimento e toda a sequência deve ser realizada em completa sintonia e sincronia com a respiração, desenvolvendo o autorrespeito, a autoentrega e a autossuperação na medida em que você exercita a consciência corporal de forma devocional e amorosa. O *Surya Namaskar* se torna uma dança quando os movimentos corporais são feitos de forma fluida e harmônica.

No corpo físico, o *Surya Namaskar* desenvolve força, flexibilidade, tônus muscular, desintoxica os órgãos internos, fortalece as articulações, cuida do alinhamento postural e favorece a homeostase nos sistemas endócrino, respiratório e circulatório.

Não precisamos praticar o *Surya Namaskar* somente pela manhã ou ao acordar. Podemos também realizá-lo em qualquer momento do dia com uma postura interior de gratidão pelo momento, objetivando purificar todas as células do corpo, serenizar a mente e iluminar o espírito.

Dicas Essenciais:

- Caso o leitor possua restrições físicas relevantes, torna-se essencial que ele consulte um profissional habilitado que lhe forneça liberação/autorização para executar essa técnica especificamente, bem como, comprometa-se a respeitar o ritmo de seu corpo em toda a sua execução. Dependendo do nível da sua restrição corporal, pule para outra técnica de Neuromeditação˚, evitando o *Surya Namaskar*.
- Em todo o *Surya Namaskar*, se possível, utilize o exercício respiratório *Ujjayi prānāyāma*, ensinado anteriormente, integrando seus benefícios e gerando aquecimento e fluidez para todo o corpo.

Execução do exercício:

Comece a realizar o *Surya* na postura de número 1 e vá gradualmente executando cada passo descrito no sentido horário, até chegar novamente ao número 1, onde deverá finalizar o exercício.

Procure coordenar os movimentos respiratórios com os movimentos corporais. Geralmente, em movimentos para cima, você inspira e em movimentos para baixo, você expira. Respire profunda, completa e continuamente a todo o momento.

Tempo de execução do exercício: repita este ciclo completo (de 1 a 1) de 3 a 10 vezes, de acordo com o seu ritmo próprio e pessoal.

Quadro Y – Benefícios dos āsanas do Surya Namaskar

1	**Padmāsana**	Traz a energia prânica para dentro de nós, por meio da respiração e de todos os poros da pele; enraíza nossa consciência no momento presente.
2	**Ardha chakrāsana**	Abre nosso coração para o Sol e para a energia prânica.
3	**Pādahastāsana**	Faz-nos curvar e assumir a introspecção necessária para nosso autodesenvolvimento.
4	**Pādaprasaranāsana**	Possibilita-nos exercitar foco e superação.
5	**Chatuspadāsana**	Estimula nossa força e nossa coragem.
6	**Ashtangāsana**	Faz-nos reverenciar a Mãe Terra e sua natureza interior.
7	**Bhujangāsana**	Abre nosso coração para receber e transmutar energias.
8	**Chatuspadāsana**	Cria ainda mais espaço para a energia circular, liberando nosso espírito e nossos centros de energia.
9	**Pādaprasaranāsana**	Possibilita-nos exercitar foco e superação.
10	**Pādahastāsana**	Faz-nos curvar e assumir a introspecção necessária para nosso autodesenvolvimento.
11	**Ardha chakrāsana**	Representa nosso agradecimento ao Sol pela oportunidade de nos conectarmos com toda a sua fonte de luz.
12	**Padmāsana**	Momento de pausa, silêncio e autorreflexão.

Neuromeditação® Lunar

Para acolhimento dos ciclos da vida

Você tem respeitado cada ciclo da sua história?

Para tudo existe um tempo...

Hora do recolhimento. Hora da expansão.

Hora do plantio. Hora da colheita.

Hora do riso. Hora do choro.

Hora da celebração. Hora do luto.

Hora de ser colo que acolhe. Hora de ser acolhido em um abraço.

Hora de morrer. Hora de renascer.

Hora de abrir as portas e deixar entrar. Hora de fechar as portas e deixar ir.

Hora da tempestade. Hora da calmaria.

Hora da labuta. Hora do descanso.

Hora de falar. Hora de calar.

Hora do despertar. Hora do adormecer.

Hora do início. Hora do meio. Hora do fim.

Dizem que você é do tamanho dos seus sonhos e do amor que habita em seu coração. Então, sonhe alto, até as estrelas! E ame tão intensamente quanto a luz da Lua. Não permita que um voo até a Lua esteja mais perto do que um mergulho para dentro de você.

Não se esqueça dos momentos de se esconder, para que o Sol possa brilhar.

Deixe amanhecer a vida. Deixe recomeçar o dia. Escute a sabedoria do tempo, o eterno saber do Universo, que com raios de luz dourada o ilumina.

Inspire fundo e sinta a dádiva que habita a vida.

Reverencie a Mãe Lua.

230 | Essencial'mente Neuromeditação®

Execução do exercício:

1. Deite-se ou sente-se de forma confortável.
2. Feche seus olhos.
3. Visualize a imagem da Lua, logo acima de sua cabeça e perceba que ela irradia para você uma intensa luz de cor prateada, que o preenche com intenso amor, leveza, intuição, expansão de consciência e acolhimento.
4. Visualize que, ao mesmo tempo em que os raios da luz penetram pelo seu corpo, irradiando essa profunda energia, outros raios de sua luz sugam e eliminam de seu corpo todas as energias tóxicas e mal qualificadas. Uma energia prateada intensa acelera dentro de você a compreensão e assimilação de tudo o que necessita.
5. Sinta imensa gratidão pela harmonização do seu coração e do seu campo energético nessa circunstância e abra-se para receber abundantemente todas essas bênçãos.
6. Procure perceber, agora, em qual fase se encontra a lua que você visualizou e identifique-se com ela. Utilize a fase da lua que se apresenta diante de você como um processo de compreensão das suas próprias fases, pois essa simbologia pode representar muito sobre o seu momento e sobre as suas necessidades atuais:
   - A Lua nova simboliza renovação e libertação do passado para a mudança de ciclos.
   - A Lua crescente representa iniciativa, proatividade, movimento e colheita de frutos plantados.
   - A Lua cheia representa extroversão, comunicação e manifestação da sua totalidade.
   - A Lua minguante representa um momento de reflexão, de recolhimento e de planejamento.
7. Após identificar simbolicamente a "fase" da lua em que você se encontra, concentre-se na imagem da lua identificada, receba todas as suas energias e deixe a meditação fluir livremente até o momento em que sentir que deve concluir essa Neuromeditação˙.

Tempo de execução: o tempo que você sentir ser necessário.

Benefícios: autoacolhimento, autoaceitação, autocompreensão, suporte na mudança de fases na vida e conexão com a energia Yin, dentro de nós.

Reflexão Essencial: A Lua influencia as marés, a agricultura, o humor das pessoas, as águas, o Planeta e também os nossos sentimentos. Todas as civilizações antigas reverenciavam a sua sabedoria e se organizavam de acordo com aquilo que a Lua lhes "dizia". Sinta a luz da Lua e seja a sua essência, ESSENCIAL'MENTE!

Pratique a Neuromeditação® com amor e dedicação!
Quem se transforma, transforma o mundo!
Seja a sua essência, essencial'mente!
Com todo o meu amor e gratidão,

Ailla Pacheco.

Referências

ANDRADE, R. L. P.; PEDRÃO, L. J. *Algumas considerações sobre a utilização de modalidades terapêuticas não tradicionais pelo enfermeiro na assistência de enfermagem psiquiátrica.* Revista Latino-Americana de Enfermagem, Ribeirão Preto, v.13, n.5, p. 737-742, set./out. 2005.

BAPTISTA, M. R.; DANTAS, E. H. M. *Yoga no controle de stress.* Fitness & Performance Journal, Rio de Janeiro, v.1, n.1, p.12-20, jan./fev. 2002.

BARBOSA, C. E. G. *Os Yogasūtras de Patañjali:* texto clássico fundamental do sistema filosófico do Yoga. São Paulo: Mantra/Edipro, 2015.

BARBOSA, P. R.; CARVALHO, A. I. *Organização e funcionamento do SUS.* Florianópolis — Departamento de Ciências da Administração /UFSC; [Brasília]: CAPES: UAB, 2006.

BARROS, N. F. et al. Yoga e promoção da saúde. *Ciência & Saúde Coletiva*, Rio de Janeiro, v.19, n.4, p. 1305-1314, abr.2014.

BARROS, N. F.; SIEGEL, P.; SIMONI, C. Política Nacional de Práticas Integrativas e Complementares no SUS: passos para o pluralismo na saúde. *Cadernos de Saúde Pública*, Rio de Janeiro, v. 23, n. 12, p. 3066-3096, dez. 2007.

BHAGAVAD GITĀ: a canção do senhor. Tradução do sânscrito para o inglês Dra. Annie Besant; tradução do inglês para o português Ricardo Lindemann. 2.ed. rev. Brasília: Editora Teosófica, 2014.

BÍBLIA de Jerusalém. São Paulo: Paulus, 2008.

BORELLA, A. et al. *O livro de ouro do yoga.* Rio de Janeiro: Ediouro, 2007.

BRASIL. Coordenação de Estudos Legislativos CEDI. *Lei n. 8.080, de 19 de setembro de 1990.* Dispõe sobre as condições para promoção, proteção e recuperação da saúde, a organização e o funcionamento dos serviços correspondentes e dá outras providências. Diário Oficial da União, Brasília/DF, 1990.

BRITO, Cristian. Yoga en el tratamiento de adicciones: la experiencia de dos años de práctica de yoga con pacientes del Centro de Rehabilitación Takiwasi. *Psicoperspectivas:* individuo y sociedad, Valparaíso, v.9, n.2, p. 253-278, jul./dic. 2010.

CARRASCO, J.L. et al. Análisis comparativo de costes del inicio de terapia con pregabalina o ISRS/ISRN en pacientes resistentes a las benzodiazepinas con trastorno de ansiedad generalizada en España. *Actas Españolas de Psiquiatría,* v. 41, n. 3, p. 164-174, 2013.

CASTANHEL, Flavia Del; LIBERALI, Rafaela. Mindfulness-Based Stress Reduction on breast cancer symptoms: systematic review and meta-analysis. Einstein (São Paulo), São Paulo, v. 16, n. 4, eRW4383, 2018. Available from <http://www.scielo.br/scielo.php?script=sci_arttext&pid=S1679-45082018000400400&lng=en&nrm=iso>. access on 19 Jan. 2020. Epub Dec. 06, 2018. http://dx.doi.org/10.31744/einstein_journal/2018rw4383.

CHIESA, A.; MANDELLI, L.; SERRETTI, A. Terapia cognitiva baseada na atenção plena versus psicoeducação para pacientes com depressão maior que não conseguiram remissão após tratamento antidepressivo: uma análise preliminar (Mindfulness-based cognitive therapy versus psycho-education for patients with major depression who did not achieve remission following antidepressant treatment: a preliminary analysis). *The Journal of Alternative and Complementary Medicine*, v. 18, n. 8, p. 756-760, 13 Aug. 2012.

COELHO, C. M. et al. Qualidade de vida em mulheres praticantes de Hatha Ioga. *Motriz: Revista de Educação Física,* Rio Claro, v.17, n.1, p.33-38, jan./mar. 2011.

CONFERÊNCIA Nacional de Saúde Mental. *Relatório final da II Conferência Nacional de Saúde Mental.* Brasília: Ministério da Saúde, Secretaria de Assistência à Saúde, Departamento de Assistência e Promoção à Saúde, Coordenação de Saúde Mental, 1994.

CONGRESSO REGIONAL DE PSICOLOGIA 2, 1996, Belo Horizonte. Subsídios para os encontros preparatórios. Belo Horizonte: Conselho Regional de Psicologia, 1996.

CONNOLLY, K.R.; THASE, M.E. If at first you don't succeed: A review of the evidence for antidepressant augmentation, combination and switching strategies. *Drugs*, v. 71, n. 1, p. 43 – 64, 1st jan. 2011.

DALE, Cyndi. *Manual prático do corpo sutil:* o guia definitivo para compreender a cura energética. Tradução Cláudia Gerpe Duarte e Eduardo Gerpe Duarte. São Paulo: Cultrix, 2017.

DAVIM, R. M. B.; TORRES, G. V.; DANTAS, J. C. Efetividade de estratégias não farmacológicas no alívio da dor de parturientes no trabalho de parto. *Revista da Escola de Enfermagem da USP — REEUSP*, São Paulo, v.43, n.2, p. 438 - 445, jun. 2009.

DE CARLI, J. *Reiki universal*. 10. ed. São Paulo: Madras, 2006.

DE CARLI, J. *Reiki*: apostilas oficiais. 3. ed. rev. São Paulo: Madras, 2011.

DE ROSE, A. *Yoga prānāyāma*: muito além da respiração. 2. ed. Porto Alegre: Rígel, 2007.

DEMARZO, M.; GARCIA-CAMPAYO, J. *Manual prático mindfulness*: curiosidade e aceitação. Tradução Denise Sanematsu Kato. São Paulo: Palas Athena, 2015.

DI BIASE, F. *O homem holístico*: a unidade mente natureza. Petrópolis, RJ: Vozes, 2000.

ELIADE, Mircea. *Yoga, imortalidade e liberdade*. São Paulo: Palas Athena, 1996.

ELIAS, M. T. (Mahamuni das). A fisiologia da respiração e o psiquismo humano. In: Encontro Paranaense, Congresso Brasileiro de Psicoterapias Corporais, XIV, IX, 2009. *Anais*. Curitiba: Centro Reichiano, 2009. CD-ROM.

EMOTO, M. *As mensagens da água*. Barueri, SP: Ísis, 2004.

EVANGELHO segundo Tomé, o Dídimo. In: APÓCRIFOS: os proscritos da Bíblia. Compilados por Maria Helena de Oliveira Tricca. São Paulo: Mercuryo, 1992. p. 315-332.

FERRARI, A. J. et al. Burden of depressive disorders by country, sex, age, and year: Findings from the global burden of disease study 2010. *PLOS Medicine*, v. 10, n. 11, p. e1001-1547, 5 nov. 2013.

FERRARI, A. J. et al. Global variation in the prevalence and incidence of major depressive disorder: a systematic review of the epidemiological literature. *Psychological Medicine*, San Francisco - CA, v. 43, n. 3, p. 471- 481, mar. 2013.

FEUERSTEIN, G. *Yoga*: an essential introduction to the principles and practice of an ancient tradition. Boston: Shambala Publications, 1996.

FIELDS, G. P. *Religious Therapeutics, Body and Health in yoga, ayurveda, and tantra* [Terapêutica religiosa, o corpo e a saúde em yoga, ayurveda e tantra]. Delhi: Motilal Banarsidass Publishers, 2002. Resenha de SIEGEL, P.; BARROS, N. F. *Ciência e Saúde Coletiva*, Rio de Janeiro, v.12, n.6, p. 1747-1748, nov./dez. 2007.

FORKMANN, T. et al. Effects of mindfulness-based cognitive therapy on self-reported suicidal ideation: results from a randomised controlled trial in patients with residual depressive symptoms. *Comprehensive Psychiatry*, v. 55, n. 8, p.1883-1890, nov. 2014.

FRAWLEY, David. *Yoga tântrico interior*: trabalhando com a Shakti universal: os segredos dos mantras, das divindades e da meditação. São Paulo: Pensamento, 2010.

GAUER, G. et al. Terapias alternativas: uma questão contemporânea em psicologia. *Psicologia: Ciência e Profissão*, Brasília, v.17, n. 2, p. 21-32, 1997.

GHERANDA Samhita: ensinamentos do sábio Gheranda. Tradução de Gustavo André Cunha (de uma versão em espanhol) para Dharmabindu.com, Yoga.pro.br e Mundo. Online.

GIBRAN, K. *O profeta*. Tradução e apresentação de Mansour Challita. Rio de Janeiro: Mansour Challita, 1978.

GIL, R. *Neuropsicologia*. 2. ed. São Paulo: Santos, 2002.

GOIA, J. Memórias de um corpo esquecido. *Revista do Departamento de Psicologia –UFF*, Niterói, v.19, n.1, p. 101-109, 2007.

GOSWAMI, A. Energia vital, medicina energética e dos chakra e cura quântica. In: LIIMAA, W. (Org.). *Pontos de mutação na saúde*: novas perspectivas para a saúde integral a partir de uma visão quântica. São Paulo: Aleph, 2013. v. 3, p. 11-24.

GOSWAMI, A. *A física da alma*. Tradução Marcello Borges. São Paulo: Aleph, 2005. (Novo pensamento)

GOVINDAN, M. *Kriya yoga sutras of Patañjali and the siddhas*. St. Etienne de Bolton, Quebec: Kriya Yoga Publications, 2001.

GUILHERME, Inês Torres; PIMENTA, Filipa. Meditação mindfulness e esclerose lateral amiotrófica (ela): uma revisão de literatura. Psic., Saúde & Doenças, Lisboa, v. 19, n. 1, p. 57-63, abr. 2018. Disponível em <http://www.scielo.mec.pt/scielo. php?script=sci_arttext&pid=S1645-00862018000100009&lng=pt&nrm=iso>. acessos em 19 jan. 2020. http://dx.doi.org/10.15309/18psd190109.

HAMILTON, M. A rating scale for depression. *The Journal of Neurology, Neurosurgery and Psychiatry*, v.23, n. 1, p. 56-62, Feb. 1960.

HERMÓGENES, J. *Autoperfeição com Hatha Yoga*: um clássico sobre saúde e qualidade de vida. Rio de Janeiro: Nova Era, 2007.

HERMÓGENES, J. *Saúde plena com yogaterapia*. 6.ed. Rio de Janeiro: Nova Era, 2011.

HERMÓGENES, J. *Yoga para nervosos*. 48. ed. Rio de Janeiro: Best Seller, 2013. (Essenciais Best Seller)

HIRAYAMA, Marcio Sussumu et al. A percepção de comportamentos relacionados à atenção plena e a versão brasileira do Freiburg Mindfulness Inventory. Ciênc. saúde coletiva, Rio de Janeiro, v. 19, n. 9, p. 3899-3914, Sept. 2014. Available from <http://www.scielo.br/scielo.php?script=sci_arttext&pid=S1413-81232014000903899&lng=en&nrm=iso>. access on 19 Jan. 2020. http://dx.doi. org/10.1590/1413-81232014199.12272013.

IMARTI, A. C., GARCIA-CAMPAYO, J., DEMARZO, M. *Mindfulness e ciência*: da tradição à modernidade. Tradução Denise Sanematsu Kato. São Paulo: Palas Athena, 2016.

JUNG, C. G. *Psicologia e religião oriental*. Tradução Mateus Ramalho Rocha. 2. ed. Petrópolis: Vozes, 1982.

JUNG, C. G; WILHELM, R. *O segredo da flor de ouro*: um livro de vida chinês. Tradução Dora Ferreira da Silva e Maria Luíza Appy. Petrópolis: Vozes, 1984.

KAMINOFF, L.; MATTHEWS, A. *Anatomia do yoga*. 2. ed. Barueri, SP: Manole, 2013.

KUPFER, Pedro. *Guia de meditação*. Florianópolis: Dharma, 1997.

KUVALAYANANDA, S. *Prānāyāma*. São Paulo: Phorte, 2008.

LIBERATI A et al. The PRISMA statement for reporting systematic review and meta-analyses of studies that evaluate health care interventions: explanation and elaboration. *PLOS Medicine*, v.6, n. 7, p. e1000100, 21 jul. 2009.

LIIMAA, W. Modelo quântico de saúde: do paradigma da doença ao paradigma da saúde. In: _____. (Org.). *Pontos de mutação na saúde*: novas perspectivas para a saúde integral a partir de uma visão quântica. São Paulo: Aleph, 2013. v.3, p. 25-46.

MARTINS, R. *Hatha yoga de Pradīpikā*: uma luz sobre o Hatha Yoga. São Paulo: Mantra, 2017.

MENEZES, Carolina Baptista; DELL'AGLIO, Débora Dalbosco. Os efeitos da meditação à luz da investigação científica em Psicologia: revisão de literatura. Psicol. cienc. prof., Brasília, v. 29, n. 2, p. 276-289, 2009. Available from <http://www.scielo. br/scielo.php?script=sci_arttext&pid=S1414-98932009000200006&lng=en&nrm=i so>. access on 19 Jan. 2020. http://dx.doi.org/10.1590/S1414-98932009000200006.

MENEZES, Carolina Baptista et al. Brief Meditation and the Interaction between Emotional Interference and Anxiety. Psic.: Teor. e Pesq., Brasília, v. 32, n. 2, e322216, 2016. Available from <http://www.scielo.br/scielo.php?script=sci_ arttext&pid=S0102-37722016000200214&lng=en&nrm=iso>. access on 19 Jan. 2020. Epub Sep. 26, 2016. http://dx.doi.org/10.1590/0102-3772e322216.

MINAYO, M. C. S. *Pesquisa social*: teoria, método e criatividade. 23. ed. Petrópolis: Vozes, 2004.

MUKTIBODHANANDA, S. *Hatha yoga pradipika*. 3rd ed. Munger: Bihar School of Yoga, 1998.

NANCY, Jean-Luc. Meditação de método. Alea, Rio de Janeiro, v. 15, n. 2, p. 303-311, Dec. 2013. Available from <http://www.scielo.br/scielo.php?script=sci_ arttext&pid=S1517-106X2013000200003&lng=en&nrm=iso>. access on 19 Jan. 2020. http://dx.doi.org/10.1590/S1517-106X2013000200003.

NASCIMENTO, Maria Valquíria Nogueira do; OLIVEIRA, Isabel Fernandes de. As práticas integrativas e complementares grupais e sua inserção nos serviços de saúde da atenção básica. Estud. psicol. (Natal), Natal, v. 21, n. 3, p. 272-281, Sept. 2016. Available from <http://www.scielo.br/scielo.php?script=sci_arttext&pid=S1413-294X2016000300272&lng=en&nrm=iso>. access on 19 Jan. 2020. http://dx.doi.org/10.5935/1678-4669.20160026.

NEVES NETO, A. R. Técnicas de respiração para a redução do estresse em terapia cognitiva- comportamental. *Arquivos Médicos dos Hospitais e da Faculdade de Medicina de Ciência Médicas da Santa Casa de São Paulo,* São Paulo, v. 56, n. 3, p. 158-168, 2011.

OLIVEIRA, R. M. J. de. *Avaliação de efeitos da prática de impostação de mãos sobre os sistemas hematológico e imunológico de camundongos machos.* 2003. 96 f. Dissertação (Mestre em Ciências) — Faculdade de Medicina, Universidade de São Paulo, São Paulo, 2003.

OLIVEIRA, R. M. J. de. *Efeitos da prática do Reiki sobre aspectos psicofisiológicos e de qualidade de vida de idosos com sintomas de estresse:* estudo placebo e randomizado. 2013. 165 p. Tese (Doutorado em Ciências) — Escola Paulista de Medicina, Universidade Federal de São Paulo, São Paulo, 2013.

OLIVEIRA, V. S.; GOMES, C. M.; CECCONELLO, A. L. Efetividade da técnica de relaxamento respiratório (RR) na redução dos sintomas de ansiedade em dependentes de crack. 2010.

OS UPANISHADS: sopro vital do Eterno. De acordo com a versão inglesa de Swami Prabhavananda e Frederick Manchester. São Paulo: Pensamento, [s/d]. Online.

PACHECO, Ailla. Essencial'mente Yoga: Uma leitura Psiconeurocientífica sobre respiração, meditação e medicina integrativa. Belo Horizonte: Editora Laszlo, 2018.

PACHECO, Ailla. Respiração para Transformação: Cartas da Aillinha e exercícios respiratórios. Belo Horizonte: Editora Laszlo, 2018.

PACHECO, Ailla. Essencial'mente Reiki: Uma leitura Psiconeurocientífica sobre Reiki, Yoga, Chakras e Medicina Integrativa. São Paulo: Editora Nova Senda, 2019.

PACHECO, Ailla. Essencial'mente Reiki: As bases dessa terapia e a sua relação com o Yoga e a neurociência. Lisboa: Editora Nascente (uma chancela 2020 editora), 2019.

QUEIROZ, Marcos de Souza. O paradigma mecanicista da medicina ocidental moderna: uma perspectiva antropológica. *Revista Saúde Pública,* São Paulo, v. 20, n. 4, p. 309-3117, ago. 1986.

RAFFAELLI, Rafael. Jung, mandala e arquitetura Islâmica. Psicol. USP, São Paulo, v. 20, n. 1, p. 47-66, Mar. 2009. Available from <http://www.scielo.br/scielo.php?script=sci_arttext&pid=S0103-65642009000100004&lng=en&nrm=iso>. access on 22 Jan. 2020. http://dx.doi.org/10.1590/S0103-65642009000100004.

ROHDEN, H. *Einstein, o enigma do universo*. Campo Grande: Alvorada, 1984.

ROQUETTE, F. F. et. al. Multidisciplinaridade, interdisciplinaridade e transdisciplinaridade: Em busca de diálogo entre saberes no campo da saúde coletiva. *RECOM — Revista de Enfermagem do Centro Oeste Mineiro*, São João del Rey, v.2, n.3, p. 463-474, set/ dez. 2012.

SARMIENTO-BOLANOS, MARÍA JIMENA; GOMEZ-ACOSTA, ALEXANDER. Mindfulness: Una propuesta de aplicación en rehabilitación neuropsicológica. Av. Psicol. Latinoam., Bogotá, v. 31, n. 1, p. 140-155, Apr. 2013. Available from <http://www. scielo.org.co/scielo.php?script=sci_arttext&pid=S1794-47242013000100012&lng= en&nrm=iso>. access on 19 Jan. 2020.

SCHUWALD, A.M. et al. Lavender Oil-Potent Anxiolytic Proper-ties via Modulating Voltage Dependent Calcium Channels. *PLOS ONE*, v. 8, n. 4, p. e59998, 29 abr. 2013.

SILENIEKS, L.B.; KOCH, E.; HIGGINS, G. Silexan, um óleo essencial de flores de *Lavandula angustifolia*, não é reconhecido como benzodiazepínico em ratos treinados para discriminar uma sugestão de diazepam (Silexan, an essential oil from flowers of Lavandula angustifolia, is not recognized as benzodiazepine-like in rats trained to discriminate a diazepam cue). *Phytomedicine*, v.20, p.172-177, 15 jan. 2013.

SILVA, E.; SOUSA, J. L. de. *Utilização de práticas integrativas e complementares na promoção da saúde em uma unidade de saúde do Distrito Sanitário II da cidade do Recife-PE*. 8 mar. 2011.

SILVA, G.; LAGE, L.V. Ioga e fibromialgia. *Revista Brasileira de Reumatologia*, São Paulo, v.46, n.1, p. 37-39, jan./fev. 2006.

SILVA, M. R.; DIAS, K. Z.; PEREIRA, L. D. Estudo das habilidades auditivas de resolução temporal e figura-fundo em dançarinos. *Revista CEFAC*, São Paulo, v. 17, n. 4, jul./ago. 2015.

SINGH, A. Medicina moderna: rumo à prevenção, à cura, ao bem-estar e à longevidade. *Revista Latino-Americana de Psicopatologia Fundamental*, São Paulo, v.13, n.2, p. 265-282, jun. 2010.

SIVANANDA, S. *O poder do pensamento pela ioga*. São Paulo: Pensamento, 1978.

SOUSA, I. M. C. de; VIEIRA, A. L. S. Serviços públicos de saúde e medicina alternativa. *Ciência e Saúde Coletiva*, Rio de Janeiro, v. 10, supl. 0, set.- dez. 2005.

SOUZA, J. L. S. de. O SUS e a introdução da prática de atividades físicas no ESF: uma revisão da importância para a promoção e prevenção nas DCNT e na saúde mental. *Revista Digital EFDeportes.com*, Buenos Aires, v.16, n. 159, ago. 2011.

SPIEGEL, D.; CLASSEN, C. *Group therapy for cancer patients*: a research-based handbook of psychosocial care. New York: Basic Books, 2000.

SPIEGEL, H.; SPIEGEL, D. *Trance and treatment*: clinical uses of hypnosis. 2. ed. Washington, DC: American Psychiatric Publishing, 2004.

TEXIER, M.; VINCENT, P. *Yoga, mudrās e chakras*: os movimentos da energia vital. São Paulo: Pensamento, 2010.

WAELDE, L.C. *Inner resources*: a psychotherapeutic program of yoga and meditation. Unpublished treatment manual and materials. Available from the Inner Resources Center, Pacific Graduate School of Psychology, 405 Broadway Street, Redwood City, CA 94063, 1999.

WOELK, H.; SCHLÄFKE, S. A multi-center, double-blind, randomised study of the lavender oil preparation silexan in comparison to lorazepam for generalized anxiety disorder. *Phytomedicine*, v. 17, n. 2, p. 94–99, 2010.

XAVIER, E. S. *Saúde quântica*: a relação da teoria quântica com a área da saúde. *Revista Saúde Quântica*, Maringá, v.1, n.1, p.11-15, jan. / dez. 2012.

YAPKO, M.D. *Hypnosis and the treatment of depressions*: strategies for change. Philadelphia, PA: Brunner/Mazel, 1992.

YAPKO, M.D. *Treating depression with hypnosis*. Philadelphia: Brunner-Routledge, 2001.

YOGANANDA, P. *A yoga de Jesus*. Belo Horizonte: Self realization fellowship, 2010.

ZOMPERO, A. F.; GONÇALVES, C. E. S.; LABURU, C. E. Atividades de investigação na disciplina de Ciências e desenvolvimento de habilidades cognitivas relacionadas a funções executivas. *Ciência & Educação*, Bauru, v.23, n.2, abr.-jun. 2017.